CONTENTS

もくじ

スチュアート・ホール

凡例

一、本書は James Procter, *Stuart Hall* (Routledge, 2004) の全訳である。
一、原著の引用符は、「　」で示した。
一、原著のイタリック体による強調は、傍点（、）で示した。
一、原著で作品名を示すイタリック体は、『　』で示した。
一、［　］は原著の挿入句を示す。
一、訳者による補足説明は、本文中に〔　〕を使い挿入した。
一、引用・参照文献の表示は原著の方式を再現し、該当頁を明示した。
一、索引は原著の索引をもとに項目を取捨選択して訳者が作成した。

謝辞――本書のプロジェクトを完成させるために長期の研究休暇を与えてくれた、AHRB(芸術および人文学研究評議会)に、そしてデヴィッド・リチャーズとデニス・ウォールダーに深く感謝する。彼独特の編集技術と寛容さでほんの短期間に完成稿を読んでくれたロジャー・ブロムリーにも感謝したい。ビサン・ベンウェイルとコリーヌ・ファウラーには随所で機知に富んだコメントをいただいた。ボブ・イーグルストンとケイト・アールのおかげで、脱線せずに最後まで書き上げられた。ジョー・ブレイの、特に忙しい学期の最中にもかかわらず校正刷りに全て目を通してくれた親切さにも。どうもありがとう。「言うまでもなく」、とスチュアート・ホールたちが『危機を取り締まる』の「謝辞」で記しているように、「もし本書に誤りが見つかっても私たちを責めるのではなく、うまく書いているところを評価していただけないだろうか」。

略語表記

ASC	‘A sense of classlessness’ (1958)
CID	‘Cultural identity and diaspora’ (1990)
CMIE	‘Culture, the media and the “ideological effect”’ (1977)
CML	*Culture, Media, Language* (1980)
CP	‘Culture and power: interview with Stuart Hall’ (1997)
CS2P	‘Cultural studies: two paradigms’ (1981)
CSAC	‘Cultural studies and the centre: some problematics and problems’ (1980)
CSTL	‘Cultural studies and its theoretical legacies’ (1992)
DNP	‘The determination of news photographs’ (1972)
E/D	‘Encoding/decoding’ (1980)
E/D73	‘Encoding and decoding in the media discourse’ (1973)
ESB	‘The empire strikes back’ (1988)
FAW	‘For Allon White: metaphors of transformation’ (1996)
FDI	‘The formation of a diasporic intellectual: an interview with Stuart Hall by Kuan-Hsing Chen’ (1996)
FNL	‘The “first” New Left: life and times’ (1989)
GAS	‘Gramsci and us’ (1988)
GMN	‘The great moving nowhere show’ (1998)
HRR	*The Hard Road to Renewal* (1988)
LG	‘The local and the global’ (1991)
MNT	‘The meaning of New Times’ (1989)
MS	‘Minimal selves’ (1987)

NDP	'Notes on deconstructing "the popular"' (1981)
NE	'New ethnicities' (1988)
NLR	*New Left Review* (1960)
NT	*New Times* (1989)
OAN	'Old and new identities, old and new ethnicities' (1991)
PA	'On postmodernism and articulation: an interview with Stuart Hall' (1996)
PCS	'Popular culture and the state' (1986)
PM	'Prophet at the Margins' (2000)
PTC	*Policing the Crisis* (1978)
QOCI	'The question of cultural identity' (1992)
R	*Representation: Cultural Representations and Signifying Practices* (1997)
RAR	'Racism and reaction' (1978)
RCC	'Race, culture, and communications: looking backward and forward at cultural studies' (1992)
RED	'Reflections upon the encoding/decoding model: an interview with Stuart Hall' (1993)
ROI	'The rediscovery of "ideology": return of the repressed in media studies' (1982)
RTR	*Resistance through Rituals: Youth Subcultures in Post-war Britain* (1976)
SIH	'Subjects in history: making diasporic identities' (1997)
TMQ	'The multicultural question' (2000)
TPA	*The Popular Arts* (1964)
TWI	'The Williams interviews' (1980)
WTB	'What is this "black" in black popular culture?' (1992)
WWP	'When was "the post-colonial"? Thinking at the limit' (1996)

WHY HALL?

なぜホールなのか？

「文化の問題は……絶対的に、はなはだしいほど政治的問題である」（SIH:290）。スチュアート・ホールが第二次大戦後の思想界にもたらした貢献はこれを示したことであった。ホールにとって文化とは単に賞賛したり研究したりするものではない。そうではなく、文化とは権力の諸関係が構築されつつ潜在的には揺るがされるような社会行動と介入の重大な現場なのである。ホールは知識人として極めてまれな存在だ。彼の著作は文化に関する理論的な議論だけでなく、社会政策や政治改革にも大きな影響を与えてきたからである（Lewis 2000を参照）。多くの読者にとってもっとも優れた活字化された研究である『危機を取り締まる』は、世界中のカルチュラル・スタディーズ科目の参考文献に登場するだけでなく、一九八一年に起きたブリクストン暴動〔ロンドン南西部のブリクストン地区で、ナイフ傷を負ったまま長時間路上で職務質問された黒人青年がそのまま死亡した出来事をきっかけに、数日にわたって騒乱が起こった〕

の当局による捜査報告にも登場している（Scarman 1981 参照）。

だが、自分は革命的な思想家などではないとホールは言う。たとえば、知識人が労働者階級を動員して蜂起し国家権力を握る、という考え方を彼は受け入れない。なぜならまず一方で、純粋で、正統で、単一の共同体としての労働者階級などというものの存在をホールは信じてはいないからである。他方、彼は、文化的不平等を改善する即効薬があるだとか、それに関連して、その不平等を将来どんな時にも永遠に直せる方法があるなどとは信じていないからである。ホールにとって文化とは常に進行中の闘争の現場であり、その闘争を戦うどちら側にも一方的に保障されることなどありえない。このように、ホールの知識人としての役割はただ文化の政治学を明らかにするだけではなく、文化は政治に決して還元されないのだと示すことでもあった。

ホールにとって文化の研究とは社会の内部に常に存在する権力関係を暴くことであり、そうすることで周縁的もしくは従属的集団がいかにして、たとえ一時的にではあれ、支配的集団から文化的空間を獲得し勝ち得るのかを考察することができる。これは落とし穴だらけのきわめて複雑な過程だが、ホールがこのアプローチをどのように理論化し実際に用いてきたのか、本書では詳しく見ていくことにしよう。だが今のところは、一段一段章ごとに段階を追って辿れるような内的一貫性のある静態的なアイデアの一群としてではなく、常に歴史的に偶発的で、常に進行中の必然的に不完全な過程の一部としてホールの思考をどのように考察したらよいのか、この点に絞って論を進めていこう。たとえばホールは、当時流行の考え方だったから逸脱やサブカルチャーに興味を持ったわけではない。彼の思考は、〔一九七〇年代初頭の強盗《マギング》をめぐるパニック〔123頁以下参照〕に見られるように〕戦後史の特定の時点における文化的かつ政治的発展への応答の一部なのである。ホール曰く、「私は資本主義そのものに興味があったわけではないのです。私の関心は、どうして資本主義は一九六〇年代のあの段階であのようであったのか、どうして九〇年代ではああだったのか、という点にあったのです」（CP:28）。ホールにとって文化とはわれわれが戦わねばならぬ過程であって、単に記述したり包括的な理論を提供できるような静態的な対象ではなかったということなのだ。

こうしてみると、ホール自身が述べているように、知識人の役割というものは比較的「つつましい」ものとなる。九〇年代初頭にエイズの問題についてコメントした際、殺人ウイルスに直面したとき文化批評がいかに脆弱かということをホールは次のように指摘している。「人々が路上で死にかけているというときに、なんのためのカルチュラル・スタディーズだというのか」（CSTL: 284）。「薬を飲んだとしてもたかだか二日しかもたないが、飲まなかったら数カ月前には死んでいたかもしれない」（CSTL: 285）なんてことを知りたがっている人間に、カルチュラル・スタディーズはいったい何を与えることができるというのだろう。

しかし同時にホールが強調するのは、エイズが政治的に重要な文化的問題を提起しているということである。ホールによればエイズとは、

誰が表象され誰がされないかという問題でもあり、……性の政治の進歩が引き戻される現場でも

あるのです。特殊な比喩が生きのびないとしたら、または誤った生きのび方をするとしたら、エイズとは人間が死ぬだけではなく欲望と快楽もまた死んでしまう現場です。この緊張感の内部で作業しない限り、カルチュラル・スタディーズには何ができて何ができないのか、何を決してできないのかを知ることはできません。同時に何をしなければならず、特別に何をする力が残っているのかさえ知ることはできないのです。（CSTL: 285）

エイズは死んでいく人々の強烈な現実というだけではなく、インドやアフリカにおけるエイズ禍をめぐる沈黙に見られるような表象の文化政治に関する、また同性愛の悪魔化や違法化によるある種の欲望形態の死に関する事柄なのだとホールは言う。このエイズの例が示すのは知識人の仕事の限界と有、、、、、用性に関するホールの感覚であり、命がけの問題としての文化研究への彼自身の献身なのである。

ホールのキャリア――自叙伝的に語る

マルクス主義の文芸批評家であるテリー・イーグルトンはかつてこう述べていた。「誰かがイギリスの左翼知識人について小説を書いていたら、そしてその多種多様な潮流や側面をつなぎ合わせることのできる典型的な空想上の人物を探し始めるとしたら、自然にスチュアート・ホールという人物を作り上げることになるだろう」（Eagleton 1996: 3）。一九五〇年代に、活動家、学生、知識人が集い、伝統的な左翼を挑発し労働党に対して代替的な政治ヴィジョンを提供したニュー・レフト〔34頁参照〕の中で、ホールは中心的な役割を果たした。一九六〇年代、七〇年代にはカルチュラル・スタディーズという新たな学術領域の指導的な提唱者として活躍した。八〇年代のホールはサッチャリズム、人種、人種差別にかかわる議論における最も力強く説得力ある知識人であった。一方、九〇年代以降、アイデンティティ、ディアスポラ、エスニシティに関するホールの影響力ある著作は、カルチュラル・スタディーズ内部での彼の仕事の再評価とあいまって、国際的に評価されることとなった。イギリスの社会学者クリス・ロジェークはホールを「今日のカルチュラル・スタディーズの突出した人物」であり、「ほかの誰も彼ほどの特権を享受していない」と評している（Rojek 2003: 1）。

だがホール自身は、彼のキャリアがカルチュラル・スタディーズやイギリス左翼の物語の中で、ある種の創設者としての中心性をもって語られることに対して、次のような疑問を呈している。

> 私はときどき、起源という権威を主張している過去の精神が生き返った活人画のような感覚に襲われることがあります。結局カルチュラル・スタディーズは、レイモンド・ウィリアムスに私が初めて会い、リチャード・ホガートと交流を始めたあたりで生まれたのではなかったのかと。［その二人がカルチュラル・スタディーズの創始者か？］そのときカルチュラル・スタディーズは生まれた、頭の先から誕生したのだと。私は過去について話したいとは思いますが、決してこのように話したいわけではないのです。（CSTL: 277）

この種のコメントはホールの仕事に（そしてより直截には筆者の仕事に！）特別な問題を突きつけている。それは、権威や起源としてホールを再生産せずに、彼の物語をどのように生み出せばよいのか、彼の著作についてどのように記述すればよいのか、そして「なぜホールなのか？」という彼の重要性をどのように際立たせればよいのかということである。

上記のような引用をした後では奇妙に見えるかもしれないが、この仕事をする最善の策はおそらく、ホール自身が自叙伝をどのように用いているのかを考察することであろう。ここでは自叙伝というものは全く不適格に見えるかもしれない。自叙伝とはそもそも自己の権威と中心性を特権化する自分自身による物語だからである。ところがホールはこう決め付けるどころか、「自叙伝的に語ることにより権威的になることを逆説的に避けられる」という（CSTL: 277）。八〇年代、九〇年代を通じて、ホールは理論化のための戦略として自叙伝を繰り返し用いている。それは彼がたびたび「真の自分」と呼ぶものを提起するためではなく、アイデンティティを脱中心化された概念として検討するためであった（第六章参照）。だがさらに一般化するならば、ホールの自叙伝のおかげで、彼がカルチュラル・スタディーズの「大きな物語《グランド・ナラティヴ》」と呼ぶものを脱中心化する手段が得られるのである。

一九三二年にジャマイカのキングストンで生まれたホールは、「イギリス的なヴィクトリア朝的家族になりたがっている上層中産階級になりたがっている下層中産階級」（MS: 45）と彼が呼ぶ家庭で成長した。ホールはこうした階級意識の強い植民地環境での成長過程を抑圧的なものとして描いている。

ホールは、彼の比較的濃い肌の色と、「実は「イギリス人」だと思い込んでいる」(FDI: 485) 母親とジャマイカの独立運動に共感している比較的政治的な学生である彼自身との間に徐々に芽生えていた不和のせいで、家族から疎まれていると感じていた。両親がホールの姉の「中産階級だったが肌の色が黒かった」(PM: 8) 医学生との結婚に反対し、その結果、姉が神経症を患ってしまったころ、家族関係は次第に緊張感をはらんでいく。とにかく逃げ出したい一心だったスチュアート・ホールはローズ奨学生としてオクスフォードにやってきた。それは一九五〇年のことだ。以来、彼はずっとイギリスを基点に活動している。繰り返しジャマイカでの幼少時代へと立ち返るホールのやり方は、後の彼の思考に、階級、人種、アイデンティティ政治への彼の知的関心に、おそらくはもっとも顕著な形で決定的で重要な影響を与えている。

ホールの幼少時代という観点から見たとき、カルチュラル・スタディーズはまた別の複雑さをかもし出す。もしもホールが何らかの形でイギリスのカルチュラル・スタディーズの誕生に中心的な役割を果たしていたとすれば、おそらくそれはイングランドとイングランド人らしさという周知の考え方に対する周縁からの多義的な関係に起因するのだろう。植民地からの移民という彼の生い立ちは、彼に戦後イギリスの斜陽の帝国的中心に対する視座を与えた (Schwarz 1989, 2000 を参照)。ホールは最近、アメリカに移住しなかった理由をこう述べている。「[アメリカという] 中心からではなく [イギリスという] 周縁から世界を眺めた方がやりやすいんですよ」(PM: 8)。この周縁からの視座によって、初期のホールはイギリス的文化生活の最も自明視されていた側面に挑戦し、そうしながらエスニシティと移民という、それまで扱われなかった問題へとイギリス社会の目を開いていったのである。こうしてみると思想家としてのホールの重要性は、彼が純粋な文化的起源という考えにどのように疑問符を打っているかということに比べ、彼の権威的で創始者的な地位にはそれほど関係がないということがわかる。彼の仕事の数ある特徴のうちのひとつは、イギリス文化やより一般的な文化形成全般に見られる本質主義的概念、すなわち文化には本質があるという概念を拒否することである。本書の各章で検討されるホールの議論はつぎのようなものだ——支配的な文化に脅かされていない正統なポピュラー・カルチャーなどない（第一章）、親文化から自由な若者文化などない（第三章）、海外との歴史を欠いたイギリス文化などない（第四—五章）、他者のアイデンティティに触れることのない自足的なアイデンティティなどない（第六章）。

大学院での研究のためにオクスフォードにとどまった後、一九五六年、ホールは結局アメリカの小説家ヘンリー・ジェームスに関する博士論文執筆を諦める。「「純粋な」文学用語」（FDI：498）に囲まれていた自分は、政治問題をもはや口にすることができないと感じたのだ。この年はまたホールがニュー・レフトにかかわることになった年でもある。ニュー・レフトはとりもなおさず、文化のもっと政治化された概念と政治のもっと文化的な概念を求めた運動であった。「ニュー・レフト・レヴュー」の編集長だったころのホールは、ブリクストンや南ロンドンのその他の地域で中学校の教員をしながら生活していた（第一章参照）。これこそ、多くの人が戦後の文化政治におけるホールの最大の貢献とみなしている、その後四十年間続くことになる教員生活の始まりであった（Giroux 2000 参照）。

一九六四年から一九九七年までホールは高等教育に従事したが、この間も彼は知識人であり続けた。ほとんど学術エリートの間だけで読まれる著作を発表する批判的知識人とは異なり、ホールの仕事はより広範な読者に訴え、彼の思想は大学出版部の活字メディアにとどまらず、ヴィデオ、テレビ、ラジオを通じて広まっていった。アメリカの文化理論家であるローレンス・グロスバーグが言うように、ホールの「著者＝権威〔author-ity〕としての力は彼自身が著した著作をはるかに超えている。彼は作家であると同時に教育者であり活動家でもあるのだ」（Grossberg 1986: 152）。

イギリス各地の大学で教職生活を送りながらも、ホールが通常の研究機関の外部でも積極的に活動してきたことは注目に値する。高等教育機関に入る以前、ホールはチェルシー・カレッジ〔ロンドン南西部チェルシー地区にある美術学校。現在のチェルシー芸術大学〕で映画とメディアについて教鞭をとっていた。その当時、六〇年代初めにしては珍しいポストであった。その後彼はバーミンガム大学の現代文化研究センターに異動し、六八年から七九年まで所長を務める（第二章参照）。バーミンガム・センターでのホールの仕事のうちで特筆に価するものの中に、メディア・グループのようなグループ研究を生み出したことがある。そこではアイデアや研究プロジェクトは個人に所有されることなく、教員と学生双方の協力によって展開されたのである。

七九年、ホールはオープン・ユニヴァーシティの社会学教授となり、九七年に退職するまでそこにとどまった。オープン・ユニヴァーシティはまたもう一つの異端な制度である。六九年に開校されたこの大学は、伝統的な回廊に囲まれた大学の建物に閉じこもるのではなく、放送メディアを通じてイギリス中の多様な学生たちに教育を行うことを目的とした。この大学はまた、決められた成績表を使って志望者を差別することをしなかったという意味でも「オープン」であった。ある人の述懐によると、

> オープン・ユニヴァーシティは壁がなく……境界のないことを誇りとし……、金銭的保証を前提とするイギリスのシステムによって不当にも排除された全てのものたちに行き届くだろう。遅咲きの者たちや家事にかかりきりだった者たちに。そしてアカデミックな達成を体系的に阻まれてきた大勢の女たちに。（Miller 1994: 421）

オープン・ユニヴァーシティに移籍した動機について、ホールはその魅力を次のように強調している。「ごく普通の人々に、女性たちに、黒人の学生たちに、アカデミックではない環境で語りかける……より開かれた、学際的で、型にはまらない環境。……私の政治的方向性にも寄与するところがありました」（FDI: 501）。現代文化研究センターとオープン・ユニヴァーシティのおかげで、ホールはさまざまな面で高等教育の特権的でエリート主義的局面を打開することができ、それによってセミナー室を飛び越えてより広範な社会の編成に接触することになるのである。

現代文化研究センターでもオープン・ユニヴァーシティでも、ホールの研究はほかのメンバーとの

共同プロジェクトという形で展開されがちだった。ホールの著作の中で典型的なことに、学術論文の慣例である権威的で中心化された「私」の代わりに「われわれ／われわれの」という集合名詞が使われることがある。本書はホールの「キー概念」を中心として進んでいくが、それらが生み出された集団的な文脈を忘れてしまうと研究自体が生産され実践されてきた精神そのものを忘れかねない（第二章参照）。これから検討する多くの考え方や出版物はほかのメンバーとの共同作業によって世に現れ、可能になったものばかりである。たとえば『ザ・ポピュラー・アーツ』はパディー・ワネルと一緒に執筆され、『儀礼による抵抗』はトニー・ジェファーソンと編まれ、『危機を取り締まる』はチャス・クリッチャー、トニー・ジェファーソン、ジョン・クラーク、ブライアン・ロバーツとの共編である。以下本書では、われわれはホールをカルチュラル・スタディーズの権威的起源とみなしかねない危険を喚起する一つの事実として、「スチュアート・ホール」という著者個人と同時に、ホールほかの仕事に注目することになるだろう。

主導者という役割を拒否するホールの姿勢は、本の恒常性ではなく論文の暫定性を優先させる彼の出版形態に最も如実に現れている。つまり単著によるテクストの自律性と卓越性よりもグループ作業の相対的な匿名性を優先させるということである。ホールが今のところ彼の著作集や総合的なリーダーの出版を拒んでいることは偶然ではない。そうした出版物は彼の思考に偽りの統一性と一貫性を課すことになろう。ホールが論文や雑誌への投稿、学会報告を好むのはおそらく、彼の理論化につきまとう戦略的な一面なのである。こうした作業のおかげでアイデアを定期的に修正し、更新し、変更したり具体化したりできるし、（執筆、生産、出版により多くの時間がかかる）本の分量の研究ではなしえないような、時事問題や出来事への介入が可能になるのである。あちこちに散乱するホールの論文をまとめて読めば完璧で集束したポジションが得られるわけではない。むしろ矛盾、多様性、Uターンばかりになってしまう。これは欠陥ではなくむしろ、現代文化の不安定で常に変容する条件に携わる過程の不可欠な部分なのである。

しかしホールにはじめて対峙した学生にとって、こうしたダイナミズムこそが問題をもたらしてしまう。（中には手に入れるのも難しい）さまざまなジャンルの雑誌媒体を交差するホールの思考の広がりは、随時ポジション変化を繰り返す彼の姿勢と相俟って、ホールに追いついていこうとしている読者たちにある種の困難を強いることになる。そこで本書の役割の一つは、スチュアート・ホールの主要な考え方をそのキャリアのさまざまな段階を通じて、（願わくは、一貫性を与えるのではなく）寄せ集めてみることにある。その目的はそれらの考え方の展開を跡付け、それらが生み出されたより広範な知的、社会的、歴史的文脈へと特定の著作を位置づけようとしている学生諸君のサポートをすることである。それぞれの章では「ポピュラー」とか「人種」といった思考や概念に関するホール自身の思考の変移を可能な限り時系列的に辿っていき、完成された立場ではなく何が根本的に進行中のプロジェクトなのかを照らし出していく。したがって本書は二つの矛盾する、そしておそらく妥協不可能な目的を持つことになる。一方で本書は、実は偽りの一貫性を課す危険を背負いながら、過去五十年にわたるホールの思考を読みやすく紹介することを目指している。他方では、統一された自足的な学術領域として、または政治的介入のできない形式的な理論の集合体としてみなされがちな近年のカルチュラル・スタディーズの正統性に対して、他ならぬホールの思考を用いて疑問を提示することである。ホール自身のキャリアの一代記をカルチュラル・スタディーズの出現に照らして考察することは、カルチュラル・スタディーズとは実のところ何でありどうあるべきかという本質を再構築することではない。そうではなくむしろ、一連の創始者たち、いくつかの著作もしくは重要概念へとカルチュラル・スタディーズという分野を制度的に還元してしまうことによって失われたものを示唆することになるだろう。この問題は本書の最終章である「ホール以降」でさらに詳しく論じられるだろう。

KEY IDEAS

キー概念

第一章　「ポピュラー」を脱構築する

過去四十年以上にわたり、スチュアート・ホールとカルチュラル・スタディーズというプロジェクトは、何が文化を構築するかという伝統的な定義を破壊することを試み、ポピュラー・カルチャーを真剣で「大衆的《ポピュラー》」でさえある学問的な探求の領野へと変身させようとしてきた。かつて大学で行われていた文化の研究がいかに大衆的なものを排除しているかで特徴づけられていた一方で、カルチュラル・スタディーズにとっての文化とはほぼすべてポピュラー・カルチャーの研究を示していた。

だがこのようにすっきりした転倒に夢中になってしまう前に、こうした転倒を大衆的なものに関するホールならではの手さばきによって冷静に見つめることが重要である。それはポピュラー・カルチャーを高度に学術的な地位へと押し上げるということよりもむしろ、「高級《ハイ・カルチャー》」文化と「ポピュラー」カルチャーという区別化そのものに疑いをはさむことなのである。ホールにとって、ポピュラー・カルチャーが真剣な問題となるのは、それが「根源的な」知的問いを生み出すからではなく、ポピュラー・カルチャーが支配集団と従属集団との間で常に戦われ、せめぎあう現場であると、なによりもまず彼がそう信じていたからである。だからこそ「ポピュラー・カルチャーが重要なのです。そうでなければ正直、ポピュラー・カルチャーなど研究する気もないですよ」とホールは言う（NDP: 239）。

　ホールにとって大衆的《ポピュラー》なものとは、スーパーの棚にあるコーラの缶のようにわれわれが自信を持って指し示せるような「もの」ではない。それは常に文化的力の内部でのみつかみ取られ、その文化的力との関係においてのみ理解されうるのである。このため大衆的《ポピュラー》なものとは定義し特定化するのがきわめて困難な概念となる。この点についてホールは、「ポピュラー」という言葉は彼にとって「文化」と同じくらい多くの問題を抱えているという。そして二つの言葉が組み合わされると、「その難解さはあまりにも恐ろしい」こととなる（NDP: 227）。この二つの言葉はお互いに矛盾し疎外しあっているように見えるのだ。文化とは美術館、博物館、大学で目にするもの。大衆的《ポピュラー》なものとはショッピングモールや、テレビやパブで出会うもの。ソープオペラは大衆的《ポピュラー》でオペラは文化、というように。

　このような区別化はポピュラー・カルチャーを高級文化の対義語として紋切り型に定義するため生じる。しかしホールによれば、大衆的なものとは、「高級と低俗、抵抗対協力、正統対異端、実験的

CULTURE

ウェールズ生まれの文芸批評家レイモンド・ウィリアムス（第二章参照）はかつて、文化とは「英語の中でも一、二を争う複雑な言葉のうちの一つ」と述べたことがある（Williams 1977: 76）。さらに彼は続けて、文化とは〔農業〔agri-culture〕という言葉に見られるように〕、もともと作物や家畜の栽培や飼育を意味していたが、一九世紀後半以来まず何よりも芸術を意味するようになったと言う。だが両者の違いにもかかわらず、双方の定義には共通の暗示的意味がある。栽培というのは進歩、飼いならす、文明化させるといった、しばしば諸技術にかかわる質に関連している。私たちはただ快楽のために読書するのではなく、読書が私たちを「進歩させる」から本を読む。もちろん何を読んでいるかによって違うだろう。例えばスティーヴン・キングは喜びを与えてはくれるだろうが、ジェーン・オースティンがしてくれるように私たちを「進歩」させてくれることはない。こうしてみると文化とはまったく古いものというわけではなく、ポピュラー・カルチャーに対立するような「高級」文化にとって、速記のようなものなのだ。

このように文化を理解していたのが「文化と文明」派に連なるような一九世紀、二〇世紀初頭イギリスの、多くの影響力ある保守的な芸術家や批評家たち、例えばマシュー・アーノルド、T・S・エリオット、F・R と Q・D・リーヴィスなどであった。大まかに言えば、これらの批評家たちによると、文化は工業社会や大量生産手段の勃興につながるポピュラー・カルチャーの形態から守られる必要がある。「文化と文明」派によれば、アーノルドの言葉を用いるなら、文化は「思考され語られてきたことの最良のもの」であり、ポピュラー・カルチャーはおしなべて「無秩序」なものである。Q・D・リーヴィスのような批評家は確かにポピュラー・カルチャーに触れてはいるが、それは「有機的共同体」という言い方で郷愁的に参照される、工業化以前のより古い伝統を堕落させたことを非難するためであった。この点についてホールはこう述べている。高級＝良い、ポピュラー＝堕落という価値規範色の強い言葉による「高級文化対ポピュラー・カルチャーという図式は、長年にわたって文化についての議論の枠組みを形作る古典的手法だった」（*R*: 2）。

対形式的、対抗的対同質的などといった、慣習的にそれを説明するために依然として用いられている単純な二項対立によっては、単純化されたり説明されたりしえない」のである（WTB: 470）。

こうした慣習的な対立図式をホールがどのように揺さぶっていくのかを理解するために、まずはなぜ大衆的なものが彼の思考の焦点となったのかを確かめておく必要がある。ホールにとって最初の研究はオクスフォード大学での博士課程の学生時代に行われた。そこでホールは古典的なアメリカの小説家ヘンリー・ジェームスについて論文を書き出していた。彼が選んだ制度も研究課題もともに、テレビ、タブロイド紙、映画、写真、若者文化や黒人文化など、その後彼が次々と手がける研究の材料となり、今日彼を有名にしているさまざまな大衆的形式に近いものでは決してなかった。では何がホールをしてポピュラー・カルチャーのような一見「軽く」て人工的なものを真剣に受け止めさせたのだろうか？　おそらくもっと重要なのは、なぜ私たちも、ということだ。この問題に答えるために、本章では彼の最も初期の仕事である「ニュー・レフト・レヴュー」時代の「カルチュラル・スタディーズ以前」の著作から始めて、最初の本である『ザ・ポピュラー・アーツ』から一九八〇年代、九〇年代のよりラディカルな「ポピュラー」の脱構築にいたる、彼のポピュラー・カルチャーに関する思考の軌跡を追ってみよう。

戦後イギリスとニュー・レフト

五〇年代の戦後イギリス文化の中で起こっていた転換は、ポピュラー・カルチャーに関するホールの当初の思考を理解する最も重要なひとつの文脈となる。技術発展と第二次大戦後の経済復興により、映画、ラジオ、出版文化などの大衆的形式が急速に拡大し発展したのである。国民の富と余暇時間が増え、大量生産のおかげで生活出費が減少するにつれて、人々はテレビ、ラジオ、音楽、大衆小説《パルプ・フィクション》、総合誌や映画などを、戦争中やそれ以前では想像もできないほど楽しめるようになった。完全雇用と賃金の上昇のおかげで労働者階級はこうした文化的経済的変化の主要な「享受者」となった。社会の一次的生産者は戦後資本主義社会によって重要な消費者へと変容させられたのである。

伝統的左翼にとって戦後イギリスにおける消費社会という新たな風潮は打撃だった。それは、社会主義の社会を作り上げるために団結し立ち上がるのは労働者たちであるという、伝統的な信仰に対する挑戦だったからである。「こんないいことはいままでなかった」という戦後の繁栄を謳歌するようなスローガンの下に保守党が勢力を整えていた一九五〇年代の三度にわたる総選挙でいずれも敗退していた労働党は、その伝統的地盤でも支持を失い、左翼は危機の時代へと突入した。

主として「ニュー・レフト・レヴュー」に掲載された政治、文学、教育に関する一連の論文を通じて、ホールが一九五〇年代、六〇年代に取り組んでいたのは、こうした危機についてだった。これらの論文を通じてホールや他の論者たちは、かつての伝統的左翼にありがちだったように、消費社会や大衆文化の形態とそれに影響された生活形態を拒絶するのではなく、むしろそれらをきちんと問題化し、真剣に分析しようと試みた。

（CND〔Campaign for Nuclear Disarmament〕運動とも連携を深めるなど）政治的に活発で、（イギリス全土で三十九の支部を開設するなど）必死に草の根の支持を集めようとはしていたが、結成時のニュー・レフトは当時、政治運動ではなく、より文化的だと非難された。そうした非難にも理由がないわけではなかったが、ニュー・レフトは政治から文化へと撤退しているという非難はある意味で的を外れている。ニュー・レフトの主たる目的と貢献の中には、ポピュラー・カルチャー自体が政治的であり、戦後労働党への支持の減少にみられるように、伝統的左翼がいわゆる「文化政治」（つまり政治としての文化）を真剣に取り扱っていないということを暴露することもあったからである。

ホールは五〇年代から六〇年代初頭にかけて文化の分析を政治の中心に置こうとした三つの理由を以下のように概観している――

ニュー・レフト

フランス新左翼《ヌーヴェル・ゴーシュ》運動からその名をとったイギリスのニュー・レフトは、ホールを創始者の一人として一九五六年にオクスフォードで誕生した。この一九五六年という年は重要である。ソ連がハンガリーに侵攻し、イギリスはスエズに侵攻した。これら二つの出来事に連動していた共産主義と植民地政治から袂を分かつという意味で、彼らは「ニュー」だったのである。ホールはこの頃の自身の政治的スタンスを「反帝国主義」とまとめているが（FNL: 15）、他のところで、ニュー・レフトを形成するために集った社会主義者たちについて、「私たちの中には一人のイングランド人もいませんでした」と回顧している（TWI: 96およびFNL:

19-20)。

ニュー・レフトの誕生は、かつての共産主義者を含む「リーズナー」と、ホールも共編者の一人であり他のオクスフォードの学生からなっていた「ユニヴァーシティ・アンド・レフト・レヴュー」という二つの雑誌と知識人集団との合併だった。その結果、新たに誕生したのが隔月発行の新雑誌「ニュー・レフト・レヴュー」であり、ホールは一九六一年に退くまでその編集長の地位にあった。ニュー・レフトは、E・P・トンプソン、レイモンド・ウィリアムス、ペリー・アンダーソン、ラファエル・サミュエルといった、その後カルチュラル・スタディーズとかかわりを持つことになる戦後イギリスの多くの重要な知識人たちによる論争を世に送り出した。確かにニュー・レフトの内部に意見の一致を見ることは簡単ではなかったし、ホールが編集長の地位を去ったのはかつての「リーズナー」派だったE・P・トンプソンとの意見の相違による。ただし、労働者階級文化をかつてないほどに変容させているのに労働党にも伝統的左翼にも無視されてきた戦後の経済変容をきちんと捉えようという点で、運動には一定の共有性があった。

ホールが去った後、「ニュー・レフト・レヴュー」編集長にはペリー・アンダーソンが就き、雑誌はより理論的で知識人寄りの方向性を取るようになる。ニュー・レフトは重要な翻訳プロジェクトを始め、(たとえば、アントニオ・グラムシ、ルイ・アルチュセール、テオドール・W・アドルノ、ジョルジュ・ルカーチなど)今となっては古典的なマルクス主義知識人の一連の著作を初めて英訳し、(現在のヴァーソ社の前身である)ニュー・レフト・ブックスから相次いで出版した。こうしたニュー・レフトの展開に現代文化研究センターを通じて密接にかかわり続け、また一九六八年にはウィリアムスやトンプソンらと、かの「メイデー宣言」〔ウィルソン労働党内閣の政策を資本との協働主義であると批判し、イギリス資本主義が新しい段階に入ったことを示したパンフレット〕に寄稿する一方、ホールはこのような初期の活動を「最初の」ニュー・レフトという言い方で振り返り、自らの参加の事実を区別化する傾向がある。

第一に、文化的でイデオロギー的な領域でこそ社会変革が最も劇的に可視化されているように思われるから。第二に、文化的領域は二次的なものではなく、社会を構成する領域だと思われるから（この点は土台‐上部構造の比喩の還元主義と経済決定論とのニュー・レフトの長きにわたる抗争にかかわる点でもある）。第三に、文化の言説は社会主義が再び語られるあらゆる言語にとって根本的に必要だと思われるから。（FNL: 25）

ホールによる文化の優先化は、文化を経済状況の二次的反映へと還元するカール・マルクスの土台‐上部構造の比喩に対する批判に依拠しているのである。

無階級の感覚

「無階級の感覚」（一九五八）のようなニュー・レフトの試論《エッセイ》においてホールは、文化を受動的で二次的な反映であるとするマルクス的反映観を否定し、文化の社会におけるより積極的で一次的な構築的機能を強調した。この論文が考察したのは、戦後経済ブームに続いて労働者階級文化の内部で商業主義や消費主義が次第次第に身近なものになっているのではないかということである。ホールの主張の核心は、一般にそう思われているのとは異なり、ポピュラー・カルチャーにおける転換によって階級の違いは消滅などしていないということだ。むしろ「無階級性」というものは新たな消費文化のイデオロギー効果であり、商品や消費文化へのアクセスが増すにつれて、労働者階級がそれまでの貧困から解放されたという感覚なのである――

ほとんどの広告の目的は……労働者に消費の新しい可能性を知らしめ、以前は労働者階級意識の一部となっていた消費 - 購買への階級的抵抗感を崩すことだった。これは、(「あなたが二台目の車を買うときは、モリスでなければ」に顕著なように)広告業界で「販売攻勢」といわれている。(ASC: 29)

無階級的なあなたに直接訴えることで、モリスの広告(だけではなくそもそも広告というもの)は一般に、その読者を消費者として「条件付け」、構築し、位置づけるのである。このイデオロギー的位置づけは、後にフランスのマルクス主義者ルイ・アルチュセールによって審問 = 呼びかけといわれることになる(第二章参照)。この審問 = 呼びかけという概念は、実は私たちの代わりにイデオロギーが行っていることを、私たちが自由に選択しているように感じさせることによって、イデオロギーがいかに作用するかを説明する。消費社会を常識的に考えれば、「モリスを買うか? でなければ他に?」というように、それは私たちに大きな選択の自由を与えてくれるものだということになるかもしれない。しかしこの選択の自由は、そもそも私たちが「消費者」という(イデオロギー的)位置をとって始めて与えられる自由にすぎない。このような位置は純粋無垢とは程遠いとホールは言う。「あなた」という個人的な名詞は労働者階級の集合的メンバーとしてではなく、自由に選択する個人として労働者を構築する。このような広告は階級的連帯を、したがって抵抗の可能性までも破壊するのである。

ところが、ホールはマルクスとは異なる見解に立っていることが重要である。広告のような大衆文化の形式は経済的土台の単なる二次的な反映ではなく、彼が先に述べていたように、「社会の構成物」なのである。「無階級の感覚」によれば、土台は単に経済的なだけではなく、文化的、社会的、政治的構成要素からなっており、どれも特権化されてはならず、全てのはたらきによって上部構造が決定される。ホールにとって土台‐上部構造の関係は固定されたものでも一方通行でもない。それらの間には「自由通行」がある。上部構造は下部構造がするのとまったく同じように下部構造を決定するのである。

つまり、「俗流」マルクス主義者が、経済が文化生産を決定するという「経済決定論」を唱えているのに対し、ホールは他の「ニュー・レフト」知識人たちとともに、文化生産もまた社会的経済的環境を決定すると述べている。ホールの論旨に従うならば、政治はポピュラー・カルチャーと分離不能

イデオロギーと土台‐上部構造の比喩

ドイツの哲学者カール・マルクス（一八一八—八三）によれば、経済こそが社会の決定的要素である。そ

の著『政治経済学批判』の序文においてマルクスは、かの有名な「土台」と「上部構造」という建築的比喩を用い、経済こそ「法的・政治的上部構造が生起する現実的基盤である」と論じた。経済的基礎、もしくは資本制といった「土台」が、映画、文学、音楽などの文化生産物を含む「上部構造」を決定するのである。文化生産物は、経済的基盤の諸価値を反映したり表出するから「イデオロギー的」なのであり、それゆえ社会の支配文化となるのである。

イデオロギーを消極的に定義するならば、特定の共同体に共有されている信念と価値となるだろう。ここで合衆国におけるジョージ・ブッシュ政権を、その政府にかかわる理念、政策、政治的方向性という点から考えてみてもいいだろう。このイデオロギーの定義で問題なのは、イデオロギーが、例えば投票や異議申し立てによって私たちが自由に受け入れたり拒否したりできる意識的な立場として考えられていることだ。マルクスによるとイデオロギーとは、私たちの現実的存在条件を私たちに隠蔽する「虚偽意識」のようなものである。マルクスの論理に従えば、典型的なハリウッド映画は上部構造の水準で資本主義経済の土台によって決定されたイデオロギーを再生産しているといえる。その「閉鎖」の強調、つまり映画の結末における社会的緊張と差異の象徴的解消によって、資本主義の生み出す現実の社会的緊張や不平等から私たちの関心を逸らすことにより、現状が維持されることになる。

こうした教条的マルクス主義の文化とイデオロギーの理解には数多くの問題点がある。例えば、経済状況を批判的に暴露している多くのハリウッド映画が成功していることを説明できない。また、映画の観衆はお決まりのハリウッド的大団円によっては必ずしも「虚偽意識」の状態に置かれているわけではないということも説明がつかない。彼らはもしかしたらそういう結末を積極的に批判しているかもしれないし、例えば、まさにハリウッド的なお決まりのパターンを承認した上で、それから楽しみを見出しているかもしれないのだ。

であり、ポピュラー・カルチャーは政治論議にとって二次的ではなくむしろ中心となっているという結論に達しなくてはならない。文化生産は、「無階級の感覚」に帰結するような伝統的階級連帯の溶解を招くという意味で、現実の政治的イデオロギー的効果を持つ。さらに重要なのは、もしポピュラー・カルチャーが経済的なものによってあらかじめ整えられたり保証されたりしていなければ、その意味と機能は文化的介入を通じた折衝と再配置化が可能だということだ。こうしてホールは、ポピュラー・カルチャーを社会主義を書き換えるために決定的だとみなす。ポピュラー・カルチャーは資本主義の道具であるとは限らない。それによって社会主義的な政治を再び主張することができるかもしれないのだ。「ニュー・レフト・レヴュー」創刊号(一九六〇)の編集後記の中で、ホールは力強く以下のように述べている。

「ニュー・レフト・レヴュー」が映画や十代の若者文化について議論するのは、われわれは時代遅れではないという今流行のポーズを示すためではない。それらが、資本主義の内部で生きなければならない人々の想像的な抵抗にとって、つまり社会不満の蓄積や窮乏感の投影にとって、直接の妥当性を持っているからである。……今日の社会主義の使命は、今そこで生活する姿そのままの人々と出会うことであり、……不満の声を上げるとともに、われわれが生きている時代の何らかの直截な感覚を社会主義運動に与えることである。(*NLR*: 1)

ここで述べられているように、ポピュラー・カルチャーは労働者階級を骨抜きにし搾取するために用いられる単なる資本主義の道具などではなく――また少なくともそうあってはならず――、潜在的抵抗の現場でもあるのだ。ホールは言う。社会主義左翼は新しい戦後大衆文化に背を向けてはならず、何も起きていないような振りをしてはいけない。いまや大衆とは何を意味し、将来何を意味しうるのかをめぐる闘争に参入しなければならないのだ。

　大衆文化を政治闘争の現場として捉える初期ホールの見解は、それ以降続く彼の思考を直接あるいは間接に規定している。おそらくもっとも特徴的なことは、それが彼の後の著作の中のいくつかを、つまり一九八〇年代および九〇年代初頭にサッチャリズムと「権威主義的ポピュリズム」について書かれた現代政治に関する著作を、不思議にも先取りしているということだ（第五章参照）。ポピュラー・カルチャーに関するホールのニュー・レフト的思考の最たるものはしかし、かなり初期の研究である、（イギリス映画協会の教育委員であった）パディー・ワネルとの共著『ザ・ポピュラー・アーツ』（一九六四）に具現化されている。その主要な論点は時代遅れとなってしまっているが、この本は今まで記されたポピュラー・カルチャーに関する何よりも多様で一貫した説明となっている。この本の各章はそれぞれ、（ビリー・ホリデーなどの）ブルース、（『真昼の決闘』や『駅馬車』といった）西部劇、（チャンドラー、スピレーン、フレミングなどの）大衆小説《パルプ・フィクション》、（「ミラー」や「ピクチャー・ポスト」などの）新聞や雑誌、（『ステップトゥー・アンド・サン』、『キャンディド・カメラ』や『コロネーション・ストリート』などの）テレビ番組、（化粧品や下着の）広告を取り扱っている。さらにはポピュラー・カルチャーに否定的な対立的読解を乗り越えるという観点からすると、『ザ・ポピュラー・アーツ』は一九八〇年代に「ポピュラー」という言葉を結果的に脱構築するホールの方向性を予期していたのである。

『ザ・ポピュラー・アーツ』

ニュー・レフトがポピュラー・カルチャーを真剣に取り上げるという知的営為に足を踏み入れる中で、『ザ・ポピュラー・アーツ』はポピュラー・カルチャーを教育現場へ持ち込むというより実際的な営みの一部となっていた。この著作は一九五〇年代後半から一九六〇年代初めにかけて中学校で教員をしていたホールとワネル自身の経験に基づいており、実際に教室で使用できるような大衆文化のさまざまな事例研究に力点が置かれていた。それは労働者階級の若者たちを、自分たちの文化的志向に対峙させるための実際的な試みであったといえよう。

> 教師の仕事の中には……子供たちに自分たちが生きている世界をもっと理解させるということも含まれている。……メディアは、自らが引き起こす変化の研究が公式教育の一部をなすに足るほど十分に、世界を変容させているのだ。
>
> （*TPA*: 21）

この引用文には、大衆文化が若者たちを政治化するかもしれないという暗示がある。ニュー・レフトによって「終戦以来特別に関心を寄せられてきた……「十代《ティーンネイジ》の革命《レヴォリューション》」」(*TPA*: 19)として特徴づけられる大衆文化の戦後革命を議論の俎上に乗せようという試みは、当時極めて論争的であった。オーストラリアの文化批評家であるグレアム・ターナーは当時の思潮を簡潔にまとめている。

> 大衆文化が下品さを増すに連れて、教員と児童たちとの間の文化的イデオロギー的溝は広がっていった。児童たちの文化的成長は教育システムの「文明化」という目標によって保護されると同時に、しかし大衆文化の密かな快楽によって脅かされる戦場となったのである。(Turner 1990:45)

『ザ・ポピュラー・アーツ』はその序章で、一九六〇年の全国教職員組合(NUT)大会を批判的に取り上げている。その大会では「新聞、ラジオ、映画、テレビの濫用による教育水準の低下に対処するため徹底的な手段が講じられなければならない」という決議が採択されている(*TPA*: 23)。『ザ・ポピュラー・アーツ』は無闇にこの決議を逆撫でしたわけではない。戦後の文化論争にこの著作が果たしたもっとも大きな貢献のひとつは、高級/低俗とか、あれか/これかという、この決議を裏付けているような厳格な二項対立図式を乗り越えようという理論的試みである。この本の中で「ポピュラー・アーツ」というフレーズは、完全に低俗でもまったく正統でもないポピュラー・カルチャーの代替的な位置取りを示すという意味で、ある種の第三項として作用しているのである。

ホールとワネルのアプローチの最も特筆すべき点は、彼らがポピュラー・カルチャーを保護すべきとか取るに足らないとかということではなく、ただ真剣に捉えていたということにある。それによって『ザ・ポピュラー・アーツ』は、日常的な文化形式の最も説得的で流布していた分析手法であった「文化と文明」派に沿う、それまでのポピュラー・カルチャー観を乗り越えられたのである。ポピュラー・カルチャーをそれ自身の条件の下で観察することにより、『ザ・ポピュラー・アーツ』は高級文化を基準にポピュラー・カルチャーの成功と失敗を計ることを拒絶した。つまり、「映画にはそれ自体の特殊な美徳があるのに、それが趣味の階層における試金石としてのみみなされてしまうと、そのとき明らかにされうるのかどうかは疑わしい」（*TPA*: 37）。カイリー・ミノーグ〔八〇年代後半から人気を博したオーストラリア出身の女性ポップシンガー〕とモーツァルトの音楽を比べるなど意味がないとホールとワネルならば言うだろう。なぜなら「音楽が異なればそこから得られる満足感も違うから」である。異なる聴衆の特定の快楽を認め信任することによって、ホールとワネルは現代文化研究の主要な展開をいくらか先取りしていたのだ。

ところがそのすべてのラディカリズムにもかかわらず、『ザ・ポピュラー・アーツ』はそれが理論的には疑問を付していたポピュラー・カルチャーに関するより伝統的な仮説を、実のところ再生産している。ホールとワネルは、高級文化はすべてそもそも「善く」、ポピュラー・カルチャーはすべてそもそも「悪い」という思考に挑戦したのだが、にもかかわらず彼らはポピュラー・カルチャーの中での善し悪しを区別する際に評価が重要だといっている。「善く価値のあるものと安っぽく下卑たものとの闘争は現代のコミュニケーション形態への闘争ではなく、メディア内部の衝突なのだ」（*TPA*: 15)。「ポピュラー・アーツ」という言葉によってメディアにおける価値と評価の諸問題を取り扱う批判的手法を展開する試みの渦中で、『ザ・ポピュラー・アーツ』は結局行き場を失ってしまったのだ。

ホールとワネルは「ポピュラー・アーツ」という考え方を、二つのはるかに保守的なポピュラー・カルチャーのカテゴリーである「民俗芸術《フォーク・アート》」と「大衆芸術《マス・アート》」との間に位置づけた。『ザ・ポピュラー・アーツ』によれば、民俗芸術にはフォークソングやダンス、バラッドや伝統工芸があり、共同体的性格や近親感、または地域の人々との近親性と、共同体とそうした芸術の担い手たちの間に作られる「直接の関係」がその特徴である。ホールとワネルは民俗芸術の重要性を認めていたが、リーヴィス主義者〔F・R・リーヴィスの説く文化の区別にしたがう文芸批評の一派〕や「文化と文明」派にありがちな地縁・血縁主義やノスタルジアからは距離をとり、それをロマン化することはしなかった。「有機的共同体に回帰しようなどという欲望は文化的ノスタルジアであり、そこでの悲惨で非人間的な生活状態を経験したことのない人間だけが耽溺することのできるものだ」（*TPA*: 53)。ホールとワネルにとって、民俗芸術はただ産業革命とともに絶えたのではなく、高級文化から疎外されている都市労働者階級の共同体に生き残っているものだ。リーヴィスがあたかも安全な田舎観へと立ち戻る中で、ホールとワネルは都市工業労働者の共同体へと帰って行ったのである。

『ザ・ポピュラー・アーツ』によれば、ポピュラー・アートは民俗芸術から歴史的に発展し、民俗芸術には見られたアーティストと聴衆との密な「つながり」を保っている。民俗芸術との違いは、民俗的アーティストの匿名性に反して、ポピュラー・アートでは演技者個人に新たな強調点が置かれているという点にある。チャーリー・チャップリンの銀幕の中の演技は、民俗芸術とポピュラー・アートの中間にある移行形態といわれるミュージック・ホールの伝統から抜け出したものだが、チャップリンこそポピュラー・アートへの移行を具現化していると、ホールとワネルは言う。チャップリンが即興とドタバタを多用するのはある種の民俗的伝統を喚起させるが、（服装、歩き方、表情などの）彼の個性的スタイルと、（映画館や居間にいる）聴衆との距離はポピュラー・アートに典型的である。

チャップリンの例が示すように、ポピュラー・アートはメディアの変容を生き抜いてきたが、『ザ・ポピュラー・アーツ』は「大衆芸術」こそが戦後の数年間において支配的な生産形式だと論じている。大衆芸術は民俗芸術やポピュラー・アートから発生したのではなく、むしろそれらの「堕落」なのだ――

現代的な形式のポピュラー・アートが個性的スタイルを媒介にしてのみ存在するのに対して、大衆芸術では個人的資質の代わりに高度な人格化が起きている。チャップリンは彼の個性の全てを作品に滲み込ませたが、それは全て彼のアートに翻訳される。一方大衆芸術は、ある作品を際立たせ生き生きさせる個性や特異性の痕跡を全て消し去り、ある種の没個性化、非 - スタイルを想定しているのだ。（*TPA*: 68）

民俗芸術からポピュラー・アートへの動きが匿名から個性的スタイルへの移行を意味するのに対し、大衆芸術は没個性的で模倣的なものへの志向性を表している。ホールとワネルにとってポピュラー・アートは、ステレオタイプと形式主義に拠っている大衆芸術に反して、様式化と慣習に依拠している。だからジャズで言えば、『ザ・ポピュラー・アーツ』はマイルス・デイヴィスのようなミュージシャンによる「即興と内発性」とリベラーチェ〔ウラヴィウ・ヴァレンティノ・リベラーチェ。一九六〇年代、七〇年代にアメリカで活躍したピアニスト。派手な衣装と奇抜な演奏スタイルで「悪趣味」の代名詞といわれた〕の際限なき反復とを区別し、映画で言えば『八〇日間世界一周』のようなハリウッドの超大作は、もっと洗練されたヨーロッパの作品とは区別されるのである。どちらの例にしても、別のところでは大衆文化をきちんと評価しようと提唱している著者たちの試みとは矛盾するようなエリート主義がある程度見え隠れしている。新しいメディアには「既存の文化階層」に挑戦し橋渡しをする潜在力があると述べているまさに同じ段落で、著者たちは新たな階層性を持ち込んでしまっている――「最良の映画は、最先端のジャズ同様、高級文化へと向かっているが、平均的な映画やポップ・ミュージックは大衆芸術となってしまっている」(*TPA*: 78)。大衆文化の形態は「趣味の階層における試金石」とみなされるべきではないというホールとワネルのかつての強調点が、ここでは忘れ去られているようだ。

ファンタジーとロマンス

『ザ・ポピュラー・アーツ』が大衆文化の分析の中で三つの主要区分（民俗芸術、ポピュラー・アート、大衆芸術）をどのように援用しているのかを検討するために、著作の中から一部を取り出してみよう。その第八章でホールとワネルは、「ピープル」や「ミラー」など、イギリスのタブロイド紙の一面に載っているピンナップ写真とフォン・スタンバーグの『嘆きの天使』の一シーンのスチール写真を比較して、「ファンタジーとロマンス」を検討している。ホールとワネルはタブロイド紙のモデルから始める——

> ピンナップは豊満で胸も曝け出しているが、鎮静剤のように決まりきった写真家的笑顔で読者の方を向いている。彼女は決して官能的ではないが、常に「セクシーに振舞おう」としている。彼女は自慢げだ。そして現実の私たちの生活には何の関係もない。現実にはその少女は全く違って見える。写真の中で彼女は「加工」され、ステレオタイプ化された夢を提供する。彼女は何も言うことも訴えることもできない。なぜなら彼女の背後にはただ人工のビーチかスタディオの装飾品しかないからである。（*TPA*: 196-7）

ホールとワネルにとってピンナップは大衆芸術の人工的で形式主義的な性質を現すものだ。このようなイメージには「演技者」と「聴衆」との親近性などない。「人工の照明が彼女の目からメッセージを奪ってしまう」(*TPA*: 197) のだ。彼女は独創性に欠け、真正性もオリジナリティも深みもない。「もし引っ張られれば、私たちは何かを感じるだろうが、彼女はダンボールの複製のようにページから抜け出してくるだけだ」。したがって彼女は見るものの感覚を高めるのではなく鎮静させてしまうのだ。

それに対して『嘆きの天使』のスチール写真では、

マレーネ・ディートリッヒの姿勢や服装がまさに崇高な性的親密さを響かせている。彼女は極めて挑発的だ。帽子とスカートは戦間期ベルリンのキャバレー世界に属し、そうした性質によって彼女は想像上の時空間に位置を与えられる。それらは一つのイメージとして部屋の中の全ての事物に彼女を結びつける。バロック調のインテリアに、彼女を取り巻いてポーズをとる衣装を着た人物たちに、布のかぶさったオブジェや装身具に。彼女の足は露わになり、そうした数々の事物からではなく、彼女の体全体の姿態と画面全体の文脈から印象的な官能性が喚起されるのである。(*TPA*: 197)

ピンナップの身体とは異なり、ディートリッヒの身体はポピュラー・アートの領域にある。彼女の服装は、(ミュージック・ホールの親類でもある) キャバレーの伝統という暗示を通じて、民俗的なものとの連続性を示している。ピンナップが、聴衆だけではなく「ビーチの風景」といった、モデルの即時的状況から切り離されている一方、ディートリッヒは彼女自身の状況に結びついており、それらとの「つながり」を共有している。タブロイド紙の写真の皮相な表面が『嘆きの天使』では「崇高」で「喚起的」になっている。ピンナップがステレオタイプに「合致」するのに対し、ディートリッヒはその姿態の特殊性を通じて「慣習的記号」と決別しているのである。

ホールとワネルはこの二つのイメージを用いて、民俗芸術に近づいているポピュラー・アートと、堕落した加工された大衆芸術との「質的差異」を記そうとした。「彼女を見て喜ぶ男たちは感情を取り繕っているのだ」という彼らの取り澄ましたピンナップの読み方では、ポルノグラフィーの特殊な快楽を読み取ることはできないし、その人気を説明することもできない。結局『ザ・ポピュラー・アーツ』に最も欠けているのは、ポピュラーというカテゴリーをそっくり脱構築することのできる批判的な語彙なのである。

「ポピュラー」を脱構築するための覚書

「「ポピュラー」を脱構築するための覚書」(一九八一)においてポピュラー・カルチャーは、『ザ・ポピュラー・アーツ』で論じられていたような解決ではなく、ホールのタイトルの慎重な括弧付けが示すように、異議申し立てのなんら保証のない現場となっている。『ザ・ポピュラー・アーツ』が提供したポピュラー・カルチャーの記述的な解説は、精密な分析を通じてある種のテクスト群に見出される固有の価値を想定している。一方「覚書」は、そうした「自己閉塞的」アプローチに警句を鳴らしている。そこではポピュラー・カルチャーの諸形態は歴史の外部で、「そもそもの始めから、固定された不変の意味や価値をそれら自体に内包しているように見える」のだ（NDP: 237）。このようにポピュラーなものを特定の歴史的重層状況で立ち現れ、予め決められた目録（内容）なき闘争の現場としてラディカルに再考する理論は、イタリアのマルクス主義者アントニオ・グラムシ（一八九一―一九三七）の著作に影響を受けている。

ポピュラー・カルチャーは一九五〇年代以降出版されたホールの著作の中で最も初期の、かつ一貫したテーマであったが、彼がポピュラー・カルチャーの完全に具体的な理論を提供したのは一九八〇年代、九〇年代になってからであった。その理論は表面的にはかなり異なった一連の論考を通じて再生産され拡張された。例えば「「ポピュラー」を脱構築するための覚書」（一九八一）、「黒人ポピュラー・カルチャーの「黒さ」とは何か？」（一九九二）、「アロン・ホワイトのために――変革の比喩」（一九九三）などである。これら全てをつなぐものはグラムシの「ヘゲモニー」という概念である。

グラムシはポピュラー・カルチャーが、継続中の闘争の起きる主要な現場だと信じていた。この立場を発展させたホールによれば、ポピュラー・カルチャーは継続する折衝の現場としての「矛盾する空間」である。「常にここから、つまりポピュラー・カルチャーの二重の掛け金から、封じ込めと抵抗という二重の動向から始めなければならない」（NDP: 228）。

グラムシのヘゲモニー概念は一九八〇年代以降のポピュラー・カルチャーに関するホールの著作を

支えている。この概念のおかげでホールは、(ソープ・オペラ対オペラなどの)常識的な二項対立図式を乗り越えられたのである。本章はまさにその問題を説き起こすことから始まったし、ポピュラー・カルチャーに関する戦後の論争はその問題を中心に展開されがちだった。「「ポピュラー」を脱構築するための覚書」の中でホールは、あれかこれかというアプローチの弱点を描き出すように、ポピュラー・カルチャーについてのこうした二項対立的思考法を敷衍している。

ホールによれば、ポピュラーなものとはその最もありがちな定義によると、「売れる」ものである。それは新作のハリウッド超大作映画であり、ヒットチャートの第一位のものだ。これはポピュラー・カルチャーを商業的成功という前提で理解している。それは「社会主義者たちを見事に納得させる」(NDP: 231)類の定義である、とホールは言う。なぜならそれは人民の、すなわち労働者階級の操作を連想させるからだ。この定義はポピュラー・カルチャーを同質性と協働性を伴う下等なものと混同し

ヘゲモニー

他のどんな知識人よりもグラムシほどホールの思想に大きな影響を与えた人物はいない。グラムシの中心概念には章を進めるにしたがって繰り返し立ち返ることになろう。ホールの思考に最も生産的なインパクトを与えたのがグラムシの「ヘゲモニー」という概念である。レーニンの著作から発展したグラムシの特徴ある、しかし決して一貫していたわけではないヘゲモニー概念の用法は、直截な支配という概念と混同されることがある。ここで忘れてはならないのは、ホールも簡潔に述べているように、「ヘゲモニーは決して永遠

HEGEMONY

ではない」ということである（CP: 30）。

グラムシの言うヘゲモニーは実のところ、ある文化の内部で残忍な強制ではなく自発的な合意によって、統制ではなくリーダーシップによって、支配を打ち立てていく過程を記述している。この概念によってグラムシは、例えば、なぜ労働者階級はカール・マルクスが予測したように革命的勢力になれなかったのかを説明した。ヘゲモニーは単なる抑圧ではなく折衝、協働、妥協によって革命的抵抗に敵対する。ホールは「覚書」の中でこの考えを推し進め、ポピュラー・カルチャーの意味や価値は歴史的に偶発的であると述べる。ある瞬間には抵抗の現場に見えるものが次の瞬間には協働の現場になっているのだ。

今年のラディカルなシンボルやスローガンは中立化されて来年の流行となる。再来年には深い文化的ノスタルジアとなるだろう。今日の反抗的なフォークシンガーが、明日には「オブザーヴァー」紙のカラー刷り付録の表紙を飾るだろう。（NDP: 235）

このようにヘゲモニーは社会の従属的勢力を単に押さえつけるのではなく、それらを部分的に抱え込み協働して作用する。つまり支配階級や（ポピュラーを特定の階級位置へとすぐに還元しないがゆえにホールが好んで用いる用語を使うならば）「支配ブロック」は、ヘゲモニーを保つために常に働きかけなくてはならない。それはまさに、ヘゲモニーが一つの過程であり、一度確保されればそれでおしまいというわけにはいかないからである。ならば従属階級にとっては、グラムシが「機動戦」と呼ぶ、社会における権力関係の徹底的な転覆という革命的抵抗も成功しそうにないということになる。従属階級は、ひとつの「国民‐大衆」を形成するためにばらばらな大衆勢力を結合させたり分節化させたりしながら、グラムシが「陣地戦」と呼ぶ闘争と折衝の継続的過程を経てのみヘゲモニーを握れるのである。

ている。この種の定義には、普通の人々を、いかに資本主義社会が自分たちを搾取しているのかがわからない「文化的麻薬中毒者」とみなす、結局のところ恩着せがましい「非社会主義的」見解を生み出すという問題がある。こうした見解では、例えば、精緻な市場戦略にもかかわらず、どうして発売される新譜の八〇パーセントが利益を生み出すことができないかということを説明できない（Storey 1993: 112参照）。この数字はポピュラー・カルチャーが完全に操作されているのでもなければ、聴衆に受動的かつ盲目的に受け入れられているわけでもないことを示しているのである。

この種の定義と正反対なのが急進的マルクス主義者によって出されるものである。彼らはポピュラーなものとは支配文化による人民の堕落ではなく、人民自身の活動に関するものだと論じる。彼らの定義によれば、ポピュラーなものは支配階級によって汚染されてはいず、支配階級を転覆させ「高い」ものを「低い」ものに取って換えるために舞台の袖で待機している、「真正な」労働者階級の経験のことだ。これによりポピュラーなものは革命的「抵抗」、「反対勢力」、そして「実験的なもの」に結び付けられる。ホールによれば、これは「英雄的」だが同時に、支配ブロックから独立しては成り立ち得ない頼りないポピュラー・カルチャー観である。資本主義の勃興をポピュラー・カルチャーのそれと関連付けながら、ホールは前者が後者を禁止し、再教育し、道徳化することによって、ポピュラー・カルチャーを資本の利害に沿うように再生し変容させるために、いかに歴史的に働きかけてきたかを描き出している。例えばそれは、もちろんいつも人民の「善」のために、労働と余暇の分離やパブの営業時間、法的に要請される通学の総時間数を規制してきた。つまり、ポピュラー・カルチャーは要所要所で支配諸階級に抵抗し、逆らい、対抗してきた一方で、それはまた支配諸階級による奪用と搾取の現場でもある。

ここで私たちは双方の定義から難問を突きつけられている。ともに結局は立証不可能なポピュラーと非ポピュラーという二項対立図式に拠って立っているからである。「ポピュラー」とみなされるためには、いったい何枚のレコードを売らなくてはならないのだろう？ 本物と見せかけの労働者階級的経験との違いは、爪の間にどれだけ泥が入っているかで決まるとでも言うのだろうか？ どこに線を引けというのだろう？ そんなことはできないと、だからこそともかくも「ポピュラー」を脱構築しなくてはならないのだと、ホールは言う（WTB: 469）。「覚書」の中でホールは、「「ポピュラー・カルチャー」を支配文化に対する関係性、影響力、敵対性といった継続的な緊張状態において決定する諸関係」として強調する第三の定義に落ち着く（NDP: 235）。

ホールによれば、ポピュラー・カルチャーには一片の宝石に押されている証印のような、従前の固有な価値もそれに刻印されているような内容もない。「ポピュラーな形態は文化的価値の中で高騰したり下落したりする。文化的エスカレーターを昇ったり降りたりするのである」（NDP: 234）。かつて印象派の絵画は絵画館で展示されるために四苦八苦していた抽象的で前衛的な形態だったとしても、それがいまやIKEA〔安価でシンプルなデザインが人気のスウェーデン家具のブランド〕の店舗や西欧中の郊外住宅の居間にあっても、何の違和感もないようだ。つまり、高級文化とポピュラー・アートをどのように区別するかという文化的評価の過程が文化的に偶発的で時代によって変化するとしたら、「ポピュラーなもの」もまた同じ過程を辿るのである。

これは全て芸術的価値に関する長たらしい問題とまとめて済む話ではない。ホールの主要な関心は、既存の対象や活動の政治的意味が、「ポピュラーなもの」の（最初の定義のように）協働性の徴として、もしくは（その第二の定義のように）抵抗の徴として、予め保証されうると想定する文化の記述的説明の空虚さにある。ポピュラーなものは人民による抵抗の純粋な記号でも、人民の完全な支配の記号でもない。戦いに勝つ負けるということではなく、抵抗と支配との継続的な闘争と折衝の現場であるということがポイントなのだ。ホールがロシアのマルクス主義言語学者ヴァレンティン・ヴォロシノフを引いて示しているように、彼にとってポピュラー・カルチャーとは「単一アクセント」ではなく「多方向アクセント」なのだ。

「覚書」の中でホールはスワスティカの例を引き合いに出す。それはナチスドイツの強力な紋章だが、後に一九七〇年代、八〇年代初期の若者文化のストリート・スタイルに、多方向アクセントの徴として再奪用（つまり再アクセント化）されたのだ。


そこでスワスティカは二〇世紀の歴史の避けようのない文化的参照物から完全にとはいわないが、少なくとも部分的には切り離された。……この恐るべき記号は意味の境界を定めるかもしれないが、それ自体の内部に単一の意味を保障することもない。ガキどもが……鎖にスワスティカをつけているからといって、ストリートにファシストが溢れているわけでもない。他方で、やつらがそうなってしまう可能性もある……

(NDP: 237)

ヴォロシノフの理論のおかげでホールは、ポピュラーなものとは労働者階級の真正で純粋な表出だとする、ポピュラー・カルチャーに関する階級の本質主義的な考え方に挑戦できた。多方向アクセントという考え方が示唆するのは、特定の階級に「帰属」したりその意味が永久に保証されるようなポピュラー・カルチャーの形態も記号もないということである。むしろ闘争は階級対階級ではなく、権力ブロック対人民という「社会主義的アクセント」をポピュラー・カルチャーに付けられるかどうかにかかっているのである。

多方向アクセントという概念がポピュラーなものに非決定性を纏わせるからといって、ポピュラー・カルチャーには「何でもあり」ということにはならない。むしろその逆で、ポピュラー・カルチャーの分析を通して「諸階級や諸個人を一つの大衆的勢力として構築できる」準備が整うのである(NDP: 238)。だからこそホールは、私たちは全てポピュラーなものへの政治的掛け金を持っていると信じているのだ。ホールにとって、ポピュラー・カルチャーには固有の価値も意味もないという考え方は来るべき解放的結末ではない。一方で、「どんな闘争もポピュラー・カルチャーを味方のものとも敵のものともすることはできない」とするならば、それはまた「ポピュラー・カルチャーには勝ち取られるべき立場が常に用意されている」ということにもなる。ポピュラー・カルチャーには保証された立場などないと主張することは、ではそれへの掛け金を放棄してしまえということではない。むしろ逆に、それだからこそポピュラー・カルチャーに位置を見つけ出すことが重要だということなのだ。

これは全て、ポピュラー・カルチャーにどのようにアプローチすべきかとホールが考えているのかを深く暗示する事柄である。ホールがグラムシを経由してポピュラーなものの内部にある目録（つまり固定された内容）と呼ぶものを探求するためには、政治的含意とは無縁な、ポピュラー・カルチャーへの非歴史的で「自己閉塞的な」視点が必要になってしまう。しかし「覚書」に見るように、ポピュラー・カルチャーの諸形態は、「まるでそもそもの始めから、固定された不変の意味や価値をそれら自体に内包しているかのように」（NDP: 237）、記述的にかき消したり評価して誉めそやしたりする事物ではない。むしろしなければならないことはポピュラー・カルチャーを歴史的に時代区分し、「ポピュラー・カルチャーの目録だけではなくポピュラー・カルチャーと支配文化との関係も相対的に安定している「相対的安定期」を確認し、そして諸関係が……再構造化され変容する転換期を見つけ出すことである」（PCS: 23）。つまりポピュラー・カルチャーの目録のどのような記述的な説明もま

多方向アクセント

ホールはヴォロシノフの『マルクス主義と言語哲学』（一九七三）をイデオロギーと文化に関する現代文化研究センターの思考の展開における「キー・テクスト」として参照している（FAW: 295）。ヴォロシノフ

MULTI-ACCENTUALITY

によって用いられた多方向アクセントは、ある既存の社会的文脈の中で「発話」するものたちにどのように「アクセントをつけられるか」により、言語がどのようにさまざまな、対抗的でさえある意味を生産するのかということを示している。「ゴッド・セイヴ・ザ・クィーン」という一行がセックス・ピストルズによって歌われるか、教会での集会でか、サッカーの観客たちによるかで、その意味は全く異なってくる。意味と価値は言語の内部に刻印されているのではなく、記号がさまざまな歴史的契機でさまざまな社会集団によって分節化され、脱分節化され、再びアクセントをつけなおされることによって、常時再生産されるのである。ホールが最も頻繁に用いる例は、支配文化の内部では随時否定的な暗示を請け負ってきた「黒さ」という記号である。一九六〇年代、七〇年代、黒さはアフリカ系アメリカ人や黒人イギリス人によって、その軽蔑的で否定的な暗示的意味から脱分節化され、「ブラック・イズ・ビューティフル」のように、肯定的で活力ある記号として再分節化された。こうした再アクセント化のもっと最近の例は、長く否定的な暗示的意味を背負ってきたが、一九九〇年代になってゲイの文化政治の中で名誉回復の記号となった「クィア」という記号である。

注記——いまや多くが『マルクス主義と言語哲学』の本当の著者だと認めているミハイル・バフチン（一八九五—一九七五）は、「黒人ポピュラー・カルチャーの「黒さ」とは何か？」（一九九二）や「アロン・ホワイトのために——変革の比喩」（一九九三）のような、ホールのより最近のポピュラー・カルチャー論の中で焦点を当てられている。「カーニヴァレスク」というバフチンの概念を文化的階層の高／低の転倒としてとらえるありがちな読解（むしろ誤読）に対して、ホールは高級な形式とポピュラーなものとの相互依存を主張する。この二項対立要素の作為的な分離は、文化的階層性の維持と差異の統制へとつながるというのである。その結果行き場を失った低いもの／他者への幻想と欲望が生じ、それにより黒人ポピュラー・カルチャーの周囲に漂う「差異への魅惑」が説明されるという（WTB: 466）。

た、関係的だということだ（ポピュラー・カルチャーへのこうした特殊なアプローチの好例はホールの「ポピュラー・カルチャーと国家」（一九八六）である）。

ホールが言うように、本当にポピュラーなものがヘゲモニーの確立され挑戦される主たる現場だとすれば、だからこそ彼はポピュラー・カルチャーをこれほど真剣に考えているのである。なぜならそうすることで政治的介入の可能性が開かれるかもしれないからだ。権力関係や、どのようなときでもポピュラーなものを統治する対立と抵抗の緊張関係を暴くことにより、ホールは（どんなに暫定的であれ）「権力の方向性を変化させよう」としている（WTB: 468）。ホールは注意深くこう言明する。「純粋な勝利」は不可能なほどこのような変化の機会は極端に限られ精密に統治されているだけではなく、「われわれのモデルが彼らのモデルにとって代わるのだというゼロ・サムゲーム」（WTB: 468）の思考は、ホールが脱構築しようと尽力している、あれかこれかというポピュラー・カルチャーの二項

大衆的教育法——オープン・ユニヴァーシティU203コース

オープン・ユニヴァーシティでホールや彼の同僚たちによって取り上げられ教えられていたように、「覚書」のような論考に見られるポピュラーなもののグラムシ的解釈は、学術的な実践というよりも、ホールが「大衆的教育法」と呼んだものを確立する試みだった。U203は一九八二年から八七年までの間にオープン・ユニヴァーシティで放映された学際的なマルチメディアのコースであった。この間六千人以上の学生によって受講されたこのコースは、イギリスの文化批評家アンソニー・イーストホープによれば、現代文化研

究センター以来イギリスのカルチュラル・スタディーズで起きた最も重要な制度的契機である。コースがいかに重要であったかは、このコースがカルチュラル・スタディーズの内部に生み出した論争と研究の膨大な量をみればわかることだ（Miller 1994参照）。コースはホールと、コース・リーダーであるトニー・ベネット、デヴィッド・モーリー、ポール・ウィリス、ジャネット・ウーラコットという、現代文化研究センターに直接間接にかかわってきた教員チームによって共同制作された。現代文化研究センターでホールによって好まれていた集団的な教育・研究環境はここオープン・ユニヴァーシティでも続いていたが、ホールの教員としての制度的役割が変化していたことは明らかだった。バーミンガムでのホールは大学院生を教えていたが、ミルトン・ケインズでは正式な学位を持たない多くの学部生とともに活動していた。ホールはこれを次のように考えていた。

〔現代文化研究〕センターの大学院教育の熱気の中で生まれたカルチュラル・スタディーズの高度なパラダイムを大衆レヴェルへと移行させる機会。……カルチュラル・スタディーズの考え方を生かそうとすれば、その理念を翻訳し、もっと大衆的でアクセスしやすいレヴェルでそれを記そうとしなければなりません。私はカルチュラル・スタディーズをそういう挑戦へと開かれたものにしたい。カルチュラル・スタディーズがもっと大衆的な教育法として「活性化」しないとは思えないのです。（FDI: 501）

U203コースが学生たちにさまざまな理論的立場を提供する一方、支配的な立場として現れてきたのが、ホールの「覚書」に明らかなようにポピュラーなもののグラムシ的読解だった（オープン・ユニヴァーシティにおけるこのアプローチを見事にまとめたものとして、トニー・ベネットの「イントロダクション――ポピュラー・カルチャーと「グラムシへの転回」」（Bennet 1986）を参照）。

対立図式へと私たちを退却させてしまう。にもかかわらず、ホールの思考は戦後の特定の時期におけるポピュラーなものをめぐる闘争へと参入することを、中核的戦略としているのだ。「覚書」はポピュラーなものを理論的問題として追及しているだけではなく、当時のイギリスの保守党政権に見られた、「いわゆる権威主義的ポピュリズム」との格闘の始まりという部分もあった（第五章参照）。ホールによれば、八〇年代初頭、サッチャリズムはポピュラーなものを特別厄介なカテゴリーにしてしまった――

それ［ポピュラーなもの］は、「人々がそう望んでいるのだから労働組合の力を制限すべきです」と言えてしまうサッチャー女史の力のために、問題含みとなった。……つまり、「ポピュラー・カルチャー」などという不動のカテゴリーなど存在しないのと同様に、それに付随する「人民」などという不動のカテゴリーも存在しないのである。（NDP: 239）

ここでホールは、ポピュラーなものとは見つけられるのではなく、作ら、れ、る、ものだと言っているのである。

ホールの著作には、ポピュラーなものの単一の歴史横断的な「理論」があるわけではない。ポピュラーなものへのホールの介入は、彼が取り組んでいる特定の歴史的時点とともに変移する。例えば戦後の一九五〇年代、ホールはポピュラーなものの周縁化された現状に深く注目していたが、ポストモダンな一九九〇年代には、いまや物象化され支配文化の内部に組み込まれてしまったポピュラー・カルチャーが、黒人ポピュラー・カルチャーという「周縁」への怪しげな欲望を暴くかどうかと問うている(WTB参照)。こうした見かけの立場上の変遷は、ホールの思考における矛盾した弱点ではなく、ポピュラー・カルチャーには、全ての立場には決して保証されることのない二重の掛け金が常にあるという、これまで概観してきた彼のポピュラーなものの理論を完璧に描き出しているのである。

まとめ

ポピュラー・カルチャーはホールの思考の地平を多くの点で表象している。本章はポピュラー・カルチャーというカテゴリーを考え、理論化しようという彼の最も影響力ある試みをいくつか、時系列で検証してきた。ホールはまず、学術的研究ではなくニュー・レフトを通じてポピュラー・カルチャーに向かっていった。ポピュラー・カルチャーは社会的政治的変化に際して、二次的で反映的ではなく形成的な役割を果たすという彼の考えは、それ以来彼の思考の中核を占め続けている。その初期の著作でポピュラー・カルチャーを意味の込められた事物ととらえていたホールは、八〇年代以降ポピュラーなものというカテゴリーを「きっぱりと」脱構築する必要性を説くようになる。こうしてポピュラーなものは、ある特定の歴史的時点で、支配文化と従属文化との間の保証なき政治闘争の現場となる。ポピュラーなものとは、権力関係が予め決められるのではなく、折衝され挑戦を受ける地点なのである。

第二章　カルチュラル・スタディーズへの参入

第一章はホールがカルチュラル・スタディーズへ「参入」するきっかけと呼んでいる運動としてのニュー・レフトと歩調を合わせた、ポピュラー・カルチャーに関する彼の初期の著作についての考察から始めた。本章はスチュアート・ホールがバーミンガム大学現代文化研究センター（CCCS）で過ごした十五年間（一九六四―七九）に沸き起こった、カルチュラル・スタディーズにおける重要な理論的論争の見取り図を描いてみる。センターとカルチュラル・スタディーズは決してホールの「キー概念」ではないが、それらの翻訳と理解のされ方にホールが及ぼした影響は多大である。これはホールという名がイギリスのカルチュラル・スタディーズとほとんど同義語であるというだけではない。彼がセンターですごした年月に展開された研究、理論、実践は、依然としてホールの思考の総体に明確に現れているとみなされているからである。

「カルチュラル・スタディーズとセンター」（一九八〇）および「カルチュラル・スタディーズ——二つのパラダイム」（一九八〇）という二つの論文は、その後のセンターとイギリスのカルチュラル・スタディーズに関する解釈に多大な影響を与えてきた。この二つの論文はともに、これから本書で取り上げるホールの思考を検討するための重要な制度的知的枠組みを提供してくれる。これらの論文はカルチュラル・スタディーズの始まりとセンターの前史を取り扱っているからである。それらは「思考され、話された最良のもの」としての文化から、「生活様式の総体」としての文化概念へと移行しつつ、バーミンガム・センターが継承するとともにそこから出発した特筆すべき理論的論争を扱っている。これらの論文が検討しているのは、いわゆる文化主義と構造主義の分断として七〇年代のカルチュラル・スタディーズ理解をありきたりにくってしまう分断線である。そしてグラムシへの「転回」を通じて、この二項対立的分断を乗り越える動きを追求しているのである。

ホールがオープン・ユニヴァーシティを退任した直後の一九八〇年に出版された「カルチュラル・スタディーズとセンター」および「カルチュラル・スタディーズ——二つのパラダイム」は、その後センターの歴史の中で最も決定的な時期となるであろう時代の終焉で、きわめて有利な立場から書かれている。「カルチュラル・スタディーズ——二つのパラダイム」と「カルチュラル・スタディーズとセンター」は、それぞれセンターでの理論的展開と制度的展開とに強調点は異なっているが、双方の主題は重複し頻繁に繰り返されているので、以下本章では二つを近接させて考察することにする。

THE CCCS

現代文化研究センター（CCCS）

センターは文化の形式、実践、制度とそれらの社会や社会変容とのかかわりなど、現代文化と社会の諸領域の研究を始めようという意図のもとに、一九六四年バーミンガム大学の大学院研究所として設立された（CML: 7）。センターの初代所長はリチャード・ホガートであったが、『ザ・ポピュラー・アーツ』のおかげもあり、ホガートはその初年度にホールを研究員として採用した。ホールは一九六八年にホガートの後をついで所長代理となり、一九七九年に離れるまでその職に就いていた。

ホールがいる間、センターは三人の専任教員、二人の研究員と四十人前後の大学院生の規模を越えることなく組織されていた（CML: 1980: 7）。にもかかわらず多くの人々の見解は、その当時センターが生み出した研究がイギリスでも海外でもカルチュラル・スタディーズの創生と発展に大きなインパクトを与え、かつ今も与え続けているという点で一致している。センターでの集団研究は驚異的な研究成果を生み出し、まずは研究ノートやセンターの雑誌である「ワーキング・ペーパーズ・イン・カルチュラル・スタディーズ」に出版され、一九七〇年中期以降は、第四章で検討するような『儀礼による抵抗』（一九七六）や『危機を取り締まる』（一九七八）などの刺激的なテクストを含む、一連の共著という形で発表された。

一九八〇年代に、センターは自立的な研究機関として次第に生き残りにくくなり、一九八〇年代後期には学部教育も提供する学部とならざるをえなくなった。この事態はセンターの研究と性格と能力に大きな影響を及ぼし、二〇〇二年、バーミンガム大学は学部の研究評価の低下を理由に、学部を閉鎖するという決定を下したのである。

絶対的なはじまり――カルチュラル・スタディーズの礎

センターという文脈に沿ってカルチュラル・スタディーズの勃興について書き進めながら、ホールは言う。「起源探しは魅力的だが、しかしそれは錯覚にすぎない。絶対的な起源などないのだから」(CSAC: 16)。一九六四年のバーミンガムにおけるセンターの設立がカルチュラル・スタディーズの礎における歴史的転換点であるとしても、ホールが強調するのは、カルチュラル・スタディーズが実はそれに先んじたニュー・レフトの政治運動や英文学、歴史、社会学といった研究分野など他のところで始まっていたということだ。センターがある種の制度的起源を作っているとするなら、ホールがセンターの「オリジナルなカリキュラム」と呼ぶものは、十年も先に出版されていたさまざまな領域の著作から構成されていたのである。

ウェールズの文芸批評家レイモンド・ウィリアムスの『文化と社会』(一九五八)と『長い革命』(一九六一)、マルクス主義の歴史家E・P・トンプソンの『イングランド労働者階級の形成』(一九六三)に加え、ホガートの『読み書き能力の効用』(一九五七)が、ホールによってカルチュラル・スタディーズの直接の先駆者とみなされている。これらのテクストは初期ホールの著作の基礎を成すばかりで

CULTURALISM

これはホガート、ウィリアムス、トンプソンによりいくらか共有されていた批判的仮説を指すために、ホールの後継者としてセンターの所長となったリチャード・ジョンソンにより名づけられた言葉である(Johnson 1979)。文化主義とは後からつけられたラベルなので、意識的な運動や一貫した理論的立場として理解されてはならない。文化主義は「思考され語られた最良のもの」という概念に挑戦はしたが、その「文化と文明」派から決して絶対的に離脱したわけではなかった。特にホガートとウィリアムスはリーヴィスの仮説の多くを再生産しているし、それゆえしばしば「左派リーヴィス主義者」と呼ばれることがある。例えば、戦前戦後の北イングランドの労働者階級共同体を、回顧的ではなく同情的に説明している『読み書き能力の効用』は、雑誌やジュークボックスのような出現したばかりの大衆的形態によって人々は堕落するのではないかという不安を表明している。ホールによれば、ホガートは「文化と文明」派を継承しつつ、「実のところそれを変容させようとしていた」(CS2P: 18)。同様に一七五〇年から一九五〇年までの時代に焦点を当てた文学史研究である『文化と社会』は、「生活様式の総体」として文化をそれほど排外主義的に定義してはいないが、リーヴィス的な「精読」の手法を採り、対象を主に高級文化に絞っている。

当時は文化主義の「文化と文明」派からの離脱はあいまいだったが、文化主義がそれほど排外的ではなく、より民主的な文化理解を提供したことは疑いない。そうすることで文化主義は、ホールが「創造的かつ歴史的行為体《エージェンシー》」と呼ぶ、それ自身の感情と行為を表現し決定する人々の力に強調点を置いたのである。文化主義は人間の経験を創造的歴史的過程の中心的行為者《エージェント》と定義していたゆえに、ヒューマニスト的立場だった。一七九〇年から一八三〇年の間の労働者階級文化の起源と形成を描いた「下からの歴史」であるトンプソンの『イングランド労働者階級の形成』は、まさにそのタイトルこそが行為体の強調を示している。労働者階級は単に歴史によって作られるのではなく、自らの形成に参加しているのだ。

なく、ホールが述べるように、「そこからカルチュラル・スタディーズが勃興するための休拍期間」（CS2P: 20）となったのである。ホガート、ウィリアムス、トンプソンの貢献は一塊として、一九世紀から二〇世紀初頭にかけて確立された文化についての伝統的な思考方法から「離脱」するための基盤となった。

具体的には、ホガート、ウィリアムス、トンプソンは、「文化と文明」派によって提示されたものよりもエリート主義的ではない文化の説明を提供したのである（第一章参照）。『長い革命』の中でウィリアムスが述べているように、「文化とは、芸術や学習の中だけではなく制度や日常的な行為の中においてもまた、特定の意味や価値を表現するある特定の生活様式の記述である」（Williams 1961: 57 筆者強調）。この記述の根底にあるのは、ホガートとトンプソンにも共有されている、文化は意味を表出するという、一つの特殊な文化理論である。さらにこうした文化的表出はただ「芸術や学習」だけではなく「日常的な行為」にも見出されるという。（それ以来ウィリアムスの「文化は日常である」というフレーズは、初期カルチュラル・スタディーズの立脚点となっている。）文化は人民の経験から流れ出る表出の一形式であるというこの共通の仮説は、ホールが指摘するように「たとえ十全にではないとしても」、ホガート、ウィリアムス、トンプソンの初期の著作を「文化主義者」として特徴付けるものである。

文化主義は一九五〇年代、六〇年代のスチュアート・ホールとセンターの草創期の研究を最もよく特徴付けている。ホールのニュー・レフト的な著作と彼の最初の本である『ザ・ポピュラー・アーツ』

が、論理の上で疑いなく文化主義である（第一章参照）。例えば『ザ・ポピュラー・アーツ』は行為体を特権化し、脱-人格化され堕落した大衆芸術に対して、民俗芸術の個別演技者の「独自性」と「個性」を特権化していた。しかし、文化は表出であり特定の階級や共同体の生きられた経験を「読解する」ために用いられるという文化主義の中核的見解は、それを規定していた行為体へのヒューマニスト的信仰とともに、一九六〇年代後期になるとホールとセンターによって次第に疑問視されるようになった。

STRUCTURALISM

構造主義

構造主義は意味を固定し、活性化し、統治する言語学的構造に着目する。その主要原理はスイスの言語学者フェルディナンド・ド・ソシュールの『一般言語学講義』にさかのぼれるが、ホールとセンターはロラン・バルト（76―77頁参照）やルイ・アルチュセール（79―81頁参照）など、一九五〇年代から七〇年代にかけてのさまざまなフランス知識人集団の著作を通じて、初めて構造主義に対峙した。言語／文化と意味の関係性は構築されるということを暴くことによって、構造主義は意味は文化を通じて表出され反映されるという文化主義の仮説を疑問視した。ホールは大陸の構造主義理論をイギリスの文脈に初めて翻訳した知識人の一人であり、センター内部での受け入れに際し重要な役割を果たした（Hall DNP 参照）。「「ポピュラー」を脱構築するための覚書」（第一章参照）は、ホールの仕事への構造主義のインパクトを描き出している。例えば「覚書」は、ソシュールの思想を発展させたヴォロシノフにしたがって、ポピュラーなものとは人民の真正な表出ではなく、文化的に構築されると述べている。

一九六八年、スチュアート・ホールはリチャード・ホガートからセンターの所長代理の座を引き継ぎ、新鮮な理論的装いと熱意をセンターに持ち込んだ。この理論的転換は、「構造主義」といわれる大陸ヨーロッパから輸入された新たな理論群の到来によって、一九六〇年代後期に盛んに行われた。

一九六〇年代後期はよくセンターにおける文化主義から構造主義への転換点だといわれるが、この転換は決して簡単な道のりではなかった。一九七八年、トンプソンは構造主義の失敗だと彼がみなしたものに対する強烈な攻撃を『理論の貧困』として出版する。この出版はより広範な知的論争の一部だった。その中で文化主義者たちは構造主義者たちを歴史と政治から抽象的理論へと引きこもっていると非難し、構造主義者たちは文化主義者たちを理論から撤退することで政治闘争を理想化し単純化していると非難した。一九七〇年代にカルチュラル・スタディーズの作業に従事することはしばしば、こうした二つの枠組みとか「パラダイム」のどちらかの側に組することを意味した。

カルチュラル・スタディーズ——二つのパラダイム

「カルチュラル・スタディーズ——二つのパラダイム」の中でホールは、いわゆる文化主義と構造主義の分断について最も丁寧で説得力のある説明を提供している。この論考の真の価値は、どちらにつくというのではなく、その代わりに双方の不十分さそれ自体を明らかにした点にある。彼の著作の独特の特徴ではあるが、ホールは文化主義と構造主義の限界、およびつながりを認識することが、いかにカルチュラル・スタディーズにとってもっと有効な方法であるかを示そうとしているのである。

「カルチュラル・スタディーズ——二つのパラダイム」はホガート、ウィリアムス、トンプソンの初期の著作の詳細な説明から始まり、文化主義と構造主義のもっとも明白な違いを確定することを目指

SIGNIFIER AND SIGNIFIED

意味するものと意味されるもの

ソシュールは言語を「記号」の体系とみなしていた。記号は二つの照応関係にある部分からなる。「意味するもの」は記号の物理的側面、例えばイスを意味する「c-h-a-i-r」という文字の集合体と、「チェアー」という話されたコトバ、もしくは「h」という文字に似ているイスの一次元的な「イコン的」表象などである。「意味されるもの」は、例えば四つの足と一つのシートと一つの背もたれのある一つの家具というように、「意味するもの」によって私たちが指し示す概念である。ソシュールの決定的な論点は、意味を生み出すために私たちはこの意味するものと意味されるものとの関係に依存してはいるが、それは恣意的なつながりに過ぎないということだ。洗面台にあるお湯と水の蛇口を考えてみてほしい。ひとつは赤でもう一つは青で塗られている。だが私たちが赤と青という意味するものでお湯と水という意味されるものを示さねばならないという理由など実はどこにもない。それはただ文化的な慣習にすぎないのだ。赤と青という色は、本来的に「熱く」も「冷たく」もない。環境が異なればそれぞれはいともたやすく「労働党」と「保守党」を意味するかもしれない。もし一つの共同体として私たちが同意すれば、将来お湯の蛇口が青で水の蛇口は赤になるかもしれない。問題なのは赤と青の間の差異なのだ。記号とそれが生み出す意味は個々の意図の問題ではなく、差異を通じて社会的に構築されるのである。

している。

> 「文化主義」においては経験こそが意識と諸条件が交差する「生きた」領域、すなわち根拠であるのに対し、構造主義は経験とはそもそも何の根拠にもなりえないという。なぜなら人は文化のカテゴリー、分類、枠組みにおいて、そしてそれらを通じてのみ、自らの諸条件を「生き」、経験することができるからである。しかしこうしたカテゴリーは経験からも経験においても生起しない。むしろ経験とはそれらカテゴリーの「効果」なのである。（CS2P: 29）

つまり、文化主義が「生きられた」経験を社会変容の主要動因として特権化している一方、構造主義は経験自体が社会的に構築されたもの、つまりは言語と文化の「効果」だと主張する。経験は言語的に生産されるというホールの論点は、言語は単に既存の現実を名づけるのではなく、その現実自体を私たちの名の下に構築し構造化するのだという、ソシュール的構造主義の最も影響力ある論点を導き出している。

ホールによれば、文化主義は根本的に「構造主義の登場によって中絶された」のである（CS2P: 27）。しかしホールのこの論文は、まるでそれが二つの個別的な一貫した潮流を示すかのような、文化主義対構造主義という還元論的な読解を拒絶する。カルチュラル・スタディーズとはホガート、ウィリアムス、トンプソンによって行われた多種多様な幅の広い作業を指すための、多くの点で「不十分な」

ラベルにすぎないのだと以前述べていたように、ここでもまたホールは単数形の「構造主義」ではなく複数形の「構造主義（the structuralisms）」という言い方を好んでいる。今日私たちは種々の講義や本書のような教科書にきちんとパッケージ化された完璧で一貫した「理論」としての「構造主義」に出会うことが多いが、ホールが構造主義と出会った当時、それは依然としてまだ生まれつつあったいくつかの立場のまとまりでしかなく、決して統一された思想学派などではなかったのである。さらにセンターは構造主義すべてに組したわけでは決してなく、選択的で批判的、かつ局面局面で取り入れていたにすぎなかった。

LANGUE AND PAROLE

ラングとパロール

言語は、意味を私たちがそこに生まれ自由に創造するのではなく、相続する構造として決定するという考え方によって、私たちはソシュールにおける第二の重要な区別である「ラング」と「パロール」という言葉にかかわる区別に至る。ラングとは、私たちがそこから選択した特定の発話（つまりパロール）を行う言語システムの総体を示す。このシステムによって広範な範囲の発話が可能になるが、それは限界がないわけではないので、それら発話を統治し制御しなければならない。ある日突然、蛇口をピンクとオレンジに塗り始めた配管工は、そう長く仕事に就いていられるとは思えない。このように完全に「個人的で」「個性的な」表現をすることはきわめて難しいのだ。私たちはシステムの規則の範囲で働くことしかできず、そしてそれがそのシステムの論理と価値を再生産するのは避けられないのである。

「カルチュラル・スタディーズ――二つのパラダイム」は構造主義を一連の「代表的な審級」に分解している（CS2P: 29）。それは三人の人物に焦点化されており、それぞれの著作をホールは、センターが出会った構造主義を具象化しているとみなしている。それはレヴィ＝ストロース（一九〇八―）、ロラン・バルト（一九一五―八〇）、ルイ・アルチュセール（一九一八―九〇）である。さらにホールは「記号論的構造主義」に連なると考えているレヴィ＝ストロースやバルトの仕事と、「マルクス主義的構造主義」とみなされるアルチュセールを区別している。

記号論的構造主義

ベルギー人の構造主義人類学者であるレヴィ＝ストロースとフランス人文芸批評家バルトはともに、センターで初めてとりあげられた構造主義者だった。レヴィ＝ストロースは『親族の基本構造』で親族構造を、また『生のものと火にかけたもの』では調理を検証しながら、「未開社会」の記号システムを解釈した。一方バルトは戦後フランス文化を構造化しているコードと神話の研究で名高い（『神話作用』を参照）。こうした、日常生活世界の儀礼や事象の意味作用システムを考察するためにソ

SEMIOTICS

そもそもソシュールは、二〇世紀初頭の「社会における記号」の科学的研究として「記号学」を提唱したが、それが初めてとりあげられ実践されたのは、ロラン・バルトのような人物の『神話作用』や『記号学の原理』といった著作においてだった。バルトのような記号論者は、純粋な言語学的分野を超えたかなり広範な文化的記号を探求するために言語を類推的に用いることによって、ソシュールの見地を発展させた。バルトの『神話作用』では、レスリングやステーキとポテトフライから雑誌と映画までがとりあげられている。バルトによって唱えられた重要な記号論的区別は、ある記号の文字通りの意味である明示的意味《ディノテーション》と連想的な意味である暗示的意味《コノテーション》の区別である（詳細は第三章を参照）。バルトから取られた例証のうちホールが好んで取り上げるのは、洋服の一アイテム、セーターの例だ。

> セーターの写真のイメージが明示するのは着られる事物というものだ。……日常会話での暗示的な領野では、セーターは「暖かくしておく」ということを、そしてさらに具体化されて「冬の到来」を暗示するかもしれない。……しかしファッションという特定化された言説の領野では、セーターは「オートクチュールのファッショナブルなスタイル」やある程度インフォーマルな着こなしなどを暗示するかもしれない。ぴったりくる背景が用意され、ロマンティックな言説の領野に置かれれば、セーターはまた「秋の森の長めの散歩」を暗示するかもしれないのだ。
> （DNP: 64）

ここでホールは、記号の文字通りの（明示的な）意味は、それが生み出される文脈次第でその暗示的意味を決めるということである。いまどきのファッションという特定化された言説ならば、セーターはおそらく「時代遅れ」を暗示するにちがいない。

シュール的言語学を敷衍したのが、「記号論」と呼ばれるものである。

ホールはバルトの『神話作用』を「神話、言語、イデオロギーの相互交差」の研究という点で古典的なテクストとみなしている（ROI: 66）。ホールにとって記号論の決定的な魅力は、記号論が、それによってマルクス主義的なイデオロギー概念を再考することができるように、文化と権力の関係を暴きだしてくれるという点にある。ホールが「カルチュラル・スタディーズ——二つのパラダイム」の中で指摘しているように、文化主義は「生きられた経験」を重視するあまりイデオロギーというカテゴリーを無視しかねなかったが、一方で構造主義にとってはイデオロギーは中心概念の一つであった。

したがって、センターにおける構造主義への展開はマルクスへの回帰と重なっていた。一九五〇年代にはそもそもマルクス主義の決定論的立場を拒絶していたホールだが（第一章参照）、七〇年代、その中に土台‐上部構造のそれほど決定論的ではない説明を発見するにしたがって、彼の仕事は次第にマルクスの著作へと回帰していった。マルクスにおける最も発展した方法論的テクストである『経済学批判要綱〔グルントリッセ〕』は、第三章の「エンコーディング／ディコーディング」で検証することになる、コミュニケーションの決定論的モデルを拒絶する理由ともなっている（Hall 1974b およびRED参照）。だがホールは決して純粋なマルクス主義者であったためしはない。そうではなく、マルクスを引きながらも常に彼に疑問を突きつけ彼を超えようとする批判的マルクス主義として、彼が「保証なきマルクス主義」と見事に呼んだものを求めているのだ。

一九六〇年代後期から七〇年代前期にかけて構造主義と出会ったことにより、ホールは自ら五〇年代に行った経済決定論と虚偽意識論との批判を発展させることができた。言語と意味作用のシステムが世界を透明に映す鏡ではないながらも私たちの代わりに意味を決定しているとするなら、文化は経済的なものの二次的反映へと還元されることも、言語とイデオロギーの外部に「真実の」意識があるということも、ともにありえないことになる。こうした重要な洞察は、七〇年代を通じマルクス主義的構造主義者ルイ・アルチュセールの著作に拠りながら注意深く展開されるのである。

マルクス主義的構造主義

ホールはマルクス主義的構造主義は「アルチュセールの事例に具現されている」と述べている(CSAC: 32)。バルトとレヴィ゠ストロースの二人がセンターへの最初の構造主義の輸入だとするなら、フランスの知識人であるアルチュセールは最も影響力のある人物の一人である。『マルクスのために』(一九六五)、『資本論を読む』(一九六八)、『レーニンと哲学』(一九七一)といった書物におけるマルクスの構造主義的な再読によって、アルチュセールの思考は、構造主義とマルクス主義の方法論をめぐって批判的対話を展開していたセンターの中で、確かな即効力をもっていた。

ホールがアルチュセールから最も影響を受けた箇所は、『マルクスのために』の中にあらわれている。そこでアルチュセールは、イデオロギーとは幻想の覆いでも虚偽意識でもなく、イメージ、神話、観念や概念からなる「表象のシステム」であり、このシステムを通じて私たちは自らの現実的存在条件を想像的に生きていると論じた。私たちの生きられた経験とは、その経験が言語と表象の内部で、言語と表象を媒介として生じるという意味で、「想像的」なのである。イデオロギーを表象のシステムとしてとらえることで、アルチュセールはイデオロギーの記号論的性格を強調した。マルクスの虚偽意識概念に暗示されているような「真の」イデオロギーなどというものはない。言語と意味作用の実践が意味しているのは、私たちは想像的な方法で私たちの「現実的存在条件」を生きなくてはならないということである。アルチュセールにとってイデオロギーは、言語のように大抵無意識のレヴェルで作用する。この洞察に依拠してホールはこのイデオロギーという言葉を用いるのである。ホールにとってイデオロギーは、自然に、無意識に、もしくはただなんでもない常識に見えるものの中で最も強力に現前しているのである（113頁の「常識」のコラムを参照）。

アルチュセールは、「現実」がないと言っているのではない。彼の貢献の一つは、彼が「国家のイデオロギー装置」と呼ぶ、家族、宗教組織、メディアなどの物理的実践や制度を通じて、イデオロギーがどのように作用するのかを暴いたことにある。むしろ、意味作用やイデオロギーに汚染されていない「現実」などないということなのだ。これはイデオロギーが取るに足らないフィクションや虚偽意識などではなく、まさに闘争の現場となっていることを示している。

同時に、アルチュセールは、イデオロギーという概念をまさにこの闘争の現場として精緻化することができず、ホールによると、それゆえにアルチュセール主義はセンター内部で「完全に正統的な立場」を獲得するに至らなかった。ホールがアルチュセール的構造主義から得たものの一つは、文化主義のヒューマニズムを乗り越える動きであった。アルチュセールは「経験」を「真正な源泉としてではなく、一つの効果として、現実的なものの反映ではなく「想像的関係」としてとらえていた」(CS2P: 29)。しかしアルチュセールはこの流れを推し進めすぎたと、ホールは言う。経験を、「それを語る」記号と表象の構造へと還元してしまったのだ。もし支配的構造としてのラングとの積極的な闘争の余地がないとしたら、こうした見解はそれほど役には立たない。文化主義が人間の経験の決定的な役割に固執し、マルクス主義が経済の決定的な役割に固執するように、アルチュセール主義は言語とイデオロギーの決定的な役割にとらわれてしまった。ホールが言うように、アルチュセールの言う「構造」は「単にもう一つ別の、より巨大で、自足的で、自生的な、その効果が全て構造自体に起因している「表出的全体性」にしか見えない」(CSAC: 33)。ホールにとって、アルチュセールはシステムや構造にあまりにも比重を置きすぎたため、行為体や政治的介入の可能性を否定することになったのである。アルチュセールの「機構」の中には受動的な諸要素以外ほとんど見当たらない。抵抗や闘争の潜在力は結局、アルチュセールの著作の中では展開されないままなのである。

記号をめぐる闘争

本章ではこれまで、言語は(冷たい/暖かいなど)それが記述するモノによって透明に供給されるのではなく、赤や青がそれぞれ暖かさや冷たさを示すように、意味作用の実践を通して社会的に生産されるという、記号の構造主義的概念を検討してきた。ホールはこうした理論から一つの重大な疑問に到達する。それは、「もし世界が意味を持たねばならないとしたら、特定の意味が他のものに比べて優先されているのはどういうわけなのか」というものだ（ROI: 67）。ホールはここで、これまで述べてきたようなマルクス主義と構造主義との対話から生じた、言語のイデオロギー的性質を定位する言語と権力の関係を疑問視しているのである。言語はイデオロギー的であるというとき、それは言語を通じて世界に意味を持たせるための闘争が生じ、言語において世界の意味の中に支配的／正統的なものと、周縁的／異端的なるものとが現れることである。この闘争は決して平等には起こらない。なぜなら集団や階級の中には、常に他より「ものが言え」、メディアのように意味が確保されやすい制度にアクセスできやすいものたちがいるからである。しかしこの闘争は決して一面的ではない。言語はアルチュセールの著作が暗示するかのような「単一アクセント」ではなく、ヴォロシノフが意味するように「多方向アクセント」なのである（「多方向アクセント」のコラム、58頁参照）。

このヴォロシノフの理論は二つの重要な帰結をホールにもたらした。第一に、アルチュセールの中では目だっていなかった闘争の重要性に再び目を向けさせてくれる。第二にそれによって、支配階級と支配イデオロギーを等値する伝統的マルクス主義にみられる、本質主義的階級観を疑問視できるようになった。もし所与の記号が特定の階級や社会集団に固有のものとして帰属してはいないというならば、ある特定の社会集団がそれ自体を分節化してきたような保証された言語などありえない。この点は、第一章でホールによってナチスの鉤十字（スワスティカ）の例で説明されていた。それは、四〇年代のナチス・ドイツと七〇年代のイギリスの若者たちのスタイルでは異なった意味を暗示していたからである。こうして明らかになるのは、イデオロギーは厳格に予め決定されているのではなく、「それ自体の特殊性と適性」を持つということである（ROI: 82）。その画期的な論文「「イデオロギー」の再発見」（一九八二）においてホールは、保守党党首マーガレット・サッチャーが政権を取った際に「この教訓がしっかりと学ばれなければならなかった」と述べている（第五章参照）。この政治的出来事は、労働者階級は社会主義と労働党に「永久に寄り添う」という考えに挑戦し、「政治的、イデオロギー的次元を代償にして経済的目標のみを追求する組合闘争の限界を暴露した」（ROI: 82）。

ホールによると、サッチャーの選挙での成功は、支配集団と従属集団との闘争に社会主義者たちがどのように携わるのかを暗示している――「さまざまな社会的利害や力が、優先的で支配的な意味のシステムから意味するものをどのように脱分節化し、別のシステムに再分節化するのかが問題なのだ」（ROI: 80）。ここでホールの議論の方向性は画期的である。なぜなら、アルチュセールを乗り越えるために文化主義の立場を多少なりとも復権させているからである。文化主義による行為体や人間の活動の優先化により、構造主義的な論理を問題化し拡張する有用な視点が提供されるのだ。しかしホールは先の文化主義的立場へと立ち戻るわけではない。彼は意味と経験は意味作用の実践を通じて構築されるという立場に立ち続けていながら、経験は言語の支配的構造の総体でしかないということは受け入れないのである。

「カルチュラル・スタディーズ――二つのパラダイム」においてホールが最終的に明らかにしたこと

は、文化主義も構造主義もそれだけでは「不十分」だということだった。ホールの結論は既存の二つのパラダイムの「お手軽なジンテーゼ」(CS2P: 36)を提唱するのではなく、アントニオ・グラムシの仕事に再び立ち戻りながら先に進む(第一章参照)。グラムシの思想は文化主義と構造主義どちらの陣営に属するものでもなく、双方との密接な関連性を共有しているからである。

構造主義/文化主義の分断を分節化する

グラムシの仕事は通時的に言えばアルチュセールよりも前になされたものだが(実際グラムシはアルチュセールに影響を与えている)、ホールとセンターへの彼ら二人の影響力は順番を逆にして考えられることが多い。「カルチュラル・スタディーズ――二つのパラダイム」の中では結局、文化主義と構造主義双方の限界を提示しつつ、それらを融合させるのではなく、分節化したり連結させたりする手段としてグラムシの著作が引用されている。

イタリア共産党の創設者であるグラムシは、一九二〇年代にムッソリーニのファシスト政権によって投獄された。それ以降彼は鉄格子の向こうで一生を終えるのだが、その間ずっと書き続け、省略の多い、なぞに満ちた論考を生み出し続けた。その多くは一九七一年になって初めて『アントニオ・グラムシ獄中ノート選集』として、ホアーとスミスによって編訳され、英語で読めるようになった。グラムシの画期的な論文である「モダン・プリンス」はすでに一九五七年に英訳され、ホールにも早く

から衝撃を与えていたが、ホアーとスミスの見事な『選集』は、七〇年代のセンターにおけるより体

ARTICULATION

分節化

伝統的にマルクス、アルチュセール、グラムシとなじみが深く、スチュアート・ホールの仕事に特別の位置を占めるこの言葉について、ホールはかつて次のように定義したことがある——

「分節化する」とは言葉を発する、はっきりと話す、明瞭である、という意味である。それは言語化するとか表現するという意味を伴っている。だがそれ以外にも「連結された」貨物トラックという言い方もある。つまり、前方の牽引車と後方の貨物車が常にいつもそうではないがお互いに連結されている場合である。二つの部分は相互に連結されている。しかし壊れるかもしれない特殊な連結器によって繋がっているにすぎない。分節化とはこのように、二つの異なった要素が一定の条件の下で一体となっている連結形態のことなのである。　(PA: 141)

分節化は経済的なものとイデオロギー的なもののような、二つ以上の一見つながりのなさそうな部分の、構造化されてはいるが柔軟な関係性を意味し、ホールはマルクスの決定論的読解につながる還元論と本質主義を避けるために用いることが多い。ホールの用法はアルゼンチン生まれの知識人エルネスト・ラクラウとその著作『資本主義・ファシズム・ポピュリズム——マルクス主義理論における政治とイデオロギー』(一九七七)に影響を受けている。ラクラウは分節化を用いて、例えばイデオロギーには「必然的な階級帰属性があるわけではない」と論じるが、この定型句はホールの著作の中で何度も繰り返し援用されている。

系的なグラムシ読解を可能にした。『獄中ノート』でのグラムシの思想をきちんと解読するのは難しい。それはグラムシが当局による検閲を避けなければならなかったことにもよる。だがグラムシの著作の中でホールが賞賛することの一つに、その「重層状況的な」質というものがある。つまりグラムシは、その思考を特定の歴史的瞬間や諸条件の集積に位置づけることができていたのである。グラムシがイデオロギー編成における階級闘争の、特定の歴史的に裏づけられた説明を優先させてくれたおかげで、センターは構造主義が非難を受けていた抽象主義、形式主義、非歴史主義を避けることができた。グラムシがヘゲモニーをイデオロギー闘争の継続的な過程と定義したおかげで（第一章参照）、ホールとセンターは、個人的なものが構造的拘束からすべて自由であるとするナイーブで「英雄好きな」ヒューマニズムに退却することなく、行為体に重きを置く文化主義的特色を維持することができた。

アルチュセールのイデオロギー論に見られる全体化志向は、協働性と抵抗の間に恒常的な緊張感を保っているヘゲモニーに不可欠な対抗性と矛盾の可能性を過小評価してきた。この緊張感は上から直接課されるものとしてのイデオロギーではなく、支配集団と従属集団との現在進行中の折衝があるということを示唆している。ホールとセンターがアルチュセールだけではなく、もっと一般的な構造主義そのものの限界を指摘することができたのは、グラムシを通じてこそだった。次章ではホールの「構造主義的」転換を詳しく検証するが、そこでは構造主義がそのまま忠実に再生産されているのを見ることはないだろう。重要なことは、いかにしてホールが構造主義を発展させ、使おうとしているかなのだから。

理論的ノイズと一九六八年

「カルチュラル・スタディーズ――二つのパラダイム」と「カルチュラル・スタディーズとセンター」の中でホールによってまとめられているように、センターでの理論的展開はバーミンガムで行われていた研究を余すところなく説明することを目指していたわけではなかった。センターでは全員が文化主義、構造主義からグラムシへという転換を辿っていたわけではない。例えば、社会学やエスノグラフィーに関わる理論的、方法論的アプローチの展開の方に関心のある者たちもいた（CML: 73-116参照）。ホールは以前からセンターにおけるこうした多様な批判的アプローチを「理論的ノイズ」（CSTL: 278）と呼んできたが、それはどんな単一の論議も完全には聞き取られることも受け入れられることもないような、有象無象の競合しあう複数の声を表すイメージなのである。理論的ノイズという概念はまた、これまで概観してきたような抽象的理論が使い尽くされ、実践される特定の制度的条件を明記しながら、バーミンガムのカルチュラル・スタディーズが、内的一貫性のある一連の理念を通じた線状的な進歩にとどまるものではなかったということを示唆している。

例えば、ホールがホガートからセンターの所長の座を受け継ぎ、構造主義が文化主義に取って代わり始めた一九六八年を考えてみよう。この年はバーミンガムでの理論的制度的転換点であるにとどまらない。この年はまた、欧米で学生と労働者がヴェトナム戦争に反対する抗議、蜂起、デモのために路上に出た政治的な契機でもあった。権威の危機を象徴する年だったのだ。一九六八年の出来事はセンターに大きな衝撃を与えたと、ホールは言う――「この断絶から「文化の政治」に関する新たな疑問が噴出した。……それによってセンターの研究は、現代の先進社会に出現しつつある矛盾に対して新たな効力を持つようになった」(CSAC: 26)。ホールが力点を置いている、研究が持つ現代社会への効力によって、彼の指導下でのセンターの主要目的の一つが確立される。それは、「有機的知識人」を生み出すことである。

ヴェトナムは初めてテレビ中継された戦争だったこともあり、センターの研究は次第に当時のメディアのイデオロギー的役割に着目するようになった(CML: 119参照)。メディアのヴェトナム報道により、表出的なものとしての文化概念と、社会変容の行為者としての人民という文化主義的見解が疑問視されるようになった。それによって、人民の経験が構造主義的に構築される、さらに広範な社会的制度的構造へもっと着目すべきだと叫ばれたのである。当時のセンターでは、理論とは単に抽象的な争点ではなく、現代社会のより広範な歴史的政治的変移との関わりで分節化される偶発的なものだったのである。バーミンガムでのホールの同僚の一人、マイケル・グリーンがセンターでの理論的発展という観点からより一般的に述べているように、問題なのは「ホガートからグラムシへだけではなく、マクミランからサッチャーへの」移行だったのである(Green 1982: 77)。

一九六八年の政治的熱狂はセンターでの研究にも衝撃を与えた。六〇年代後半の反権威主義的、反体制的空気の中で、バーミンガム・センターは高等教育の伝統的な教育機関から研究員と学生をとも

ORGANIC INTELLECTUALS

有機的知識人

「有機的知識人」という言葉はグラムシによって、「自律的で独立した社会集団もしくは階級」としての「伝統的知識人」との区別をはっきりさせるために用いられた（グラムシの「知識人」（一九七一）という論考を参照）。有機的知識人は伝統的知識人のように分離されてはいないし、社会の内部で活発な組織的機能を有している。ホールは有機的知識人を次のように定義している。

「有機的知識人」は、同時に二つの前線で機能しなくてはならない。一つには知的で理論的な最前線にいなくてはならない。しかし二つ目の局面は同じように不可欠なものだ。それは、有機的知識人は知的理論的な考え、つまりそういった知識を、知識人階級に専門的に属しているわけではない人々に伝達する責任から逃れることはできないということだ。（CSTL: 281）

ホールは、有機的知識人の創出は現代文化研究センターでの野心にすぎず、実際達せられたことではないと言う。しかしにもかかわらず、それは現代文化研究センターの作業の精神と、センターの名称にある現代という言葉の重要性を示している事実として、その研究プロジェクトと社会の内部で目覚めつつあった勢力との連携とを、見事にあらわしている。有機的知識人の役割とは、どんなに大雑把にとっても政治活動家や革命家のそれではない。現代文化研究センターをこうした地位に還元することを、ホールは常に拒んできた。知的作業とは独特の、特殊な実践なのである。にもかかわらず有機的知識人は、ホールが「より広域かつ非専門的で非エリート的な感覚」と呼ぶものの内部で、知識生産の実践を統合しようと試みるのである（CSAC: 46）。

に巻き込んだ研究集団体制へと移行した。研究集団体制は組織的条件の内側で理論的実践を展開していこうとする急進的で注目すべき試みを代表していた。「カルチュラル・スタディーズとセンター」においてホールは、集団体制こそがセンターの優先事項でありかつ「極めて特徴的な」姿だったと述べている――

一般的に言ってここでなされてきたことは、知的作業を実際の実践形態のうえでもっと集合的なものにすることだった。つまり、ナップサックに入れたバトンのように自分たちの論文のテーマを個々バラバラに携えている企画や知識人を続けて生み出すのではなく、集団作業のもとで研究や共同企画や学習を築き上げることだったのである。（CSAC: 44）

センターの研究グループは、ポピュラー・カルチャー、労働、言語、文学、メディアなど、幅広い領域にわたって研究を行った。七〇年代後半になると、こうした領域の中でフェミニズムと人種が組み合わさったり、それらに取って代わられたりするものが出てきた。その一例が、一九七八年秋に「人種と政治グループ」として知られる新しい研究集団が立ち上げられたことであり、そこにはポール・ギルロイ、ヘーゼル・カービー、プラティバ・パーマー、ジョン・ソロモス、エロル・ローレンスなど、後にこの分野に欠かすことのできなくなる人物たちが集まった。彼らが編んだ極めて影響力ある書物、『帝国の逆襲――七〇年代イギリスの人種と人種差別』（CCCS 1982）は、七〇年代にホールたちによって初めて議論されるようになった重要な争点である、人種と階級の関係性、黒人の犯罪者性の構築、取締りと権威主義などがさらに展開されていた（こうしたセンターにおける論争を適切に拡張したものとしてポール・ギルロイの『ユニオン・ジャックに黒はない』〔一九八七〕を参照）。

さて、センターにあったのは「カルチュラル・スタディーズ」と呼ばれる単一の統一された学術分野ではなく、多種多様な、時にはまとまりのつかない研究プロジェクトや集団であったのは明らかだろう。ホールは、協調的で牧歌的な活動という集団研究のロマンティックな考えに挑戦した最初の人物だった。研究者集団が知を民主化しようと作業しているときでさえ、ホールは「知の階層性」の避けることのできない根強さに直面し続けていた（CSAC: 45）。さらに近年になってホールは、センターにおける理論的ノイズのあらゆる部分にあった論争や「不安定な不安と怒りの沈黙」に言及している（CSTL: 278）。七〇年代後半にフェミニズムの勃興がセンターの争点となったことは、特別な緊張感の源だった。それはホールをフェミニストでありかつセンター所長という男性的権威の象徴として、両立できない立場に置いたからである。

> 私はそれ［フェミニズム］に賛成だった。だから「敵」として、上位に立つ家父長的人物としてターゲットにされることによって私は、ありえないほど矛盾した立場に立たされた。もちろん彼女たちはそうしなくてはならなかったし、そうすることはまったく正しかった。私を黙らせねばならなかったのだから……。（FDI: 500）

こうした意味での彼の立場の「不可能性」によって、結果的にホールは一九七九年にセンターを去ることになったのである。

ホール、理論、実践

本書はこれまで現代文化研究センター時代のホールの主要な理論的遭遇を考察してきた。しかしこのような遭遇は、理論家であり思想家でもあるホール自身について何を語っているのだろうか？　ホール自身の理論的実践の核となる性格を確認しながら本章を閉じよう。

スチュアート・ホールについて、「彼をオリジナルな理論家だと分類することは到底できない」と言われたことがあった（Rojek 2003: 1）。これはかなり嘲笑的に聞こえる評価かもしれない。ホール自身が起源やオリジナリティについて疑問を発し続けてきたことを考えれば、理屈からいっても疑わしいことは言うまでもない。しかしにもかかわらず、こうした評価は逆説的に、ホールの理論的アプローチの何がもっと肯定的な意味で「オリジナルではない」のかについて考える手段を提供してくれている。ホールが若者のサブカルチャーの分析の中で用いていた言葉を援用するなら、スチュアート・ホールとは一人の器用な日曜大工《ブリコルール》なのだ（第四章参照）。ホールにとって理論化とはとにもかくにも、他のどこからか材料を借り新しく代替的な用法のためにそれらをつなぎ合わせることなのだ。これは決して模倣や派生の身振りではない。こうした借用はオリジナルには決して忠実ではないものだ。ホールによれば、「保持すべき価値のある理論とは、それと闘わなければならないものだけで、流暢に語れるものではない」(CSTL: 280)。ここで描こうとしているのは、ホールが「まるでTシャツのように新たな理論を着替えるがごとく、次々と一人の流行の理論家をトレンディに再利用すること」(PA: 149)と呼ぶ、理論的崇拝の形態ではない。それはより今風のもののために古い理論を見捨ててしまうというのではなく、ホールのもう一つの重要な理論的概念を用いるなら、そうした理論を分節化する試みなのである。

ホールの著作における理論的実践の一つである分節化は、二つ以上の異なる理論枠組みを連結させ、個々の枠組みの限界を乗り越えようとすることである。例えば本章の議論の中心は、ホールによってなされたより近年の「構造主義」との遭遇による初期の「文化主義」という理論仮説の置換であった。ホールの著作におけるこの置換は、構造主義に移行するために文化主義を拒否することではなく、代替的な理論的方向性を提示するために両者を組み合わせ分節化するということである。このような連結の過程は、固定的なものでも最終的なものでもない。(後の章に見るように、ホールは文化主義と構造主義という縛りから距離をとることになるからである。)分節化は特定の状況の組み合わせの下でのみ、また最後にもう一つだけホールによって用いられる理論的概念を援用すれば、特殊な歴史的重層状況でのみ、可能となる。ホールの理論化は重層状況的であるというとき、それは、彼による理論化は常に特定の契機での出来事への対応として喚起され分節化されるということなのである。

器用仕事《ブリコルール》、分節化、重層状況という言葉をここで一緒に並べてみても、これらがホールの理論の単なるキー概念というだけではない。このような言葉はまた、実践としての理論を考えるための手段を提供しているのである。ホールによれば、そこに実践的な目的がある場合のみ、つまり実際に用いられる場合にのみ、理論は有効となる――「大文字の理論に興味はない。ただ理論化し続けることに関心がある」（PA: 150）。この「大文字の理論」と「理論化」という動詞の区別化は、ホールの仕事の心構えを理解するうえで不可欠である。ホールは「大文字の理論」という静態的で画一的な研究対象に興味はない。彼の関心は介入としての、活動としての理論なのだ。ホールは言う。「大文字の理論は常にもっと面白い何かへの回り道である」と（OAN: 42）。

例えばメディア、サブカルチャー、人種とエスニシティなどとの関連で、そこでホールが理論を実践しているもっと直截な状況への回り道や経路を提供することもまた、本章の目的である。この回り道は、もっと有効な何かへと向かう前に理論を軌道からズラす試みという意味での迂回と混同されてはならない。ホールにとって理論とは、「私的な言語への退却」というよりは、「常識化された知識」に疑問を突きつけるために「言語を変化させる」試みなのである（CSAC: 46）。常識的な見解が理論を現実的なものからの抽象物とみなすのに対して、ホールにとっての理論とは、現実的なものについての常識的な仮説に挑戦するための言語を提供するものなのだ。つまり理論とは必然的に実践なのであり、実践からの迂回ではないのである。

ホールにとっては理論のないところにいかなる実際的で有効な文化の理解もないのと同じように、

実践のないところに文化の理論もありえない。理論はそれ自体で有益な何かではなく、「それ自体の内的な有益性」をもたらしもしない（CP: 26）。本章はセンター内部での文化主義から構造主義への理論的転換に焦点を当ててきたが、この移行は理論それ自体によってではなく、六〇年代の終わりに起きたより広い社会的展開によって有益なものとなったにすぎない。さらにセンターの研究の協同的性格が示すのは、ホールの「重要概念」のどのような個別的な説明も、誤解を招くだけではなく、そうした研究が生産され実践された精神をも忘れさせかねないということだ。まるで流行のTシャツに関する新たな理論家としてスチュアート・ホールを再利用するだけになりかねないのである（「fcuk hall」〔fcukはイギリスの若者向け洋服ブランドであるフレンチ・コネクションUKのロゴ〕というところか?）。

まとめ

本章は二つの論文に見られるホールの思考を通じて、ホールの思考を条件付ける主要な制度的枠組みとしての現代文化研究センター（ＣＣＣＳ）と知的枠組みとしてのバーミンガム的カルチュラル・スタディーズを取り扱った。バーミンガムでのカルチュラル・スタディーズの「始まり」とセンターの前史を考察してきた。センターが文化の「文化主義」的概念から「構造主義」的概念の間を移行するに連れて、受け継ぎそして離脱していった論争を振り返ってみた。最後に、七〇年代にマルクスとグラムシとの批判的接触によって、いわゆる文化主義／構造主義の分断を乗り越えようとするホールの試みを考察した。

本章後半は、このような抽象的で理論的な展開を、センターの制度的条件と一九六八年という歴史的条件に位置づけた。センターという点では集合的に、同時にホール自身の理論化へのアプローチという点からも理論的実践について考察して、本章は幕を閉じる。

第三章　エンコーディング／ディコーディング

ホールのすべての著作中で、おそらくもっとも広く読まれかつ議論の的になってきた「エンコーディング／ディコーディング」（一九七三／一九八〇）は、一九七〇年代、八〇年代のカルチュラル・スタディーズの方向性に重大なインパクトを与え、その中心課題はいまだにこの領域のキーワードであり続けている。この論考は通常、バーミンガムでの主要な理論的展開を考察することができる、ホールと現代文化研究センターの研究における構造主義への転換を示すものだと思われている（第二章参照）。この論考はテレビの言説で注目されるコミュニケーション過程に焦点を当て、新たなコミュニケーションの理論を提示するために、メディア・メッセージがどのように生産、流通、消費されるのかに関する、最も一般的な見解に挑戦している。従来、メディア・メッセージの意味は基本的に静態的かつ透明で、コミュニケーション過程を通じて妨げられることがないと考えられてきたが、ホールは、送られるメッセージが受け取られるものと同じであることはほとんどなく、コミュニケーションは体系的に歪められていると論じている。

送り手、メッセージ、受け手

「エンコーディング／ディコーディング」はそもそも、マス・コミュニケーション研究が前提としているコミュニケーション理論に対するホールの疑念から生まれた。「エンコーディング／ディコーディング」は、マス・コミュニケーション研究に見受けられるコミュニケーションのお決まりのモデルの説明で幕を開ける。このモデルは、「送り手」から「メッセージ」を通じて「受け手」へという、線状的な流儀に則っている。このモデルによると、送り手はメッセージを作り出してその意味を決定し、それを受け取り手へ直接かつ透明に伝達する。ホールにとってこのコミュニケーション・モデルはあまりに単純すぎる。「このモデルに見られる歪みはただ、受け手

マス・コミュニケーション研究

マス・コミュニケーション研究とは、第二次世界大戦後アメリカで流布し、一九五〇年代、六〇年代にイギリスでも主流の社会学の間で特に影響の大きかった一連の研究を指す。イギリスのカルチュラル・スタデ

MASS COMMUNICATIONS RESEARCH

ィーズ内部でも草創期には社会学の影響があったが、現代文化研究センターでの研究がアメリカ的なマス・コミュニケーション理論の科学的モデルに擦り寄ることはできなかった。アメリカ的研究の関心はメディアの社会に対する「影響」におかれたが、メディアの「効果」は理論ではなく、観察に主眼が置かれるような個人の行動の経験論的研究によって測定された。マス・コミュニケーション研究は、テオドール・アドルノ、ヴァルター・ベンヤミン、マックス・ホルクハイマーといった、戦前にアメリカに移住し〔ベンヤミンは渡米途中で自死〕、たいていは否定的な意味でメディアの効果を目にしていたドイツのマルクス主義知識人たちの集団、フランクフルト学派によるメディア研究から出発し、またそれによって配置換えされたのである。

マス・コミュニケーション研究のほとんどが、どのようにすれば広告を通じてもっと効果的に聴衆に影響を与えることができるかを知りたがっている企業によって効果的に資金を与えられていたが、そのメディア観はもっと肯定的で実証的だった。それは、メディアが社会のありのままの反映であるという仮定の下に行われていた。アメリカは多元社会であり、さまざまに多様な文化集団を抱えているがゆえに、その多様性はメディアを通じて反映され、かつ補強されるということになる。メディアの「多元主義」はこのように用いられ、アメリカのような民主主義社会における「イデオロギーの終焉」を予告するというのである。

ホールと現代文化研究センターは、マス・コミュニケーション研究において正真正銘「科学的」だと提示されていたものが、根源的にイデオロギー的だということを暴いた。「多元主義」は文化的に特殊でイデオロギー的な価値にすぎない。ホールは鋭い皮肉に満ちた感覚で次のように述べている。マス・コミュニケーション研究を通じて、「アメリカン・ドリームは経験的に変容した」と（ROI: 61）。「エンコーディング／ディコーディング」はまずもってマス・コミュニケーション研究とその経験論的主張への批判として意図されているのである。

が彼／彼女の受け取ることになっているメッセージを獲得する準備ができていないことぐらいだ」(RED: 253)。これから見ていくように、ホールにとって特に興味を引くのは、さまざまに異なる聴衆がいかにして、意味を発見するのではなく、それを作り出していくのかということである。

ホールのこの論考は、マス・コミュニケーションの三つの構成要素全てに疑問を投げかけている。まず第一に、意味は送り手によって単に固定されたり決定されたりはしない。第二にメッセージは決して透明ではない。第三にオーディエンスは意味の受動的な受け手ではない。難民申請者についてのあるドキュメンタリーが、ただ彼らの願いへの同情的な説明を提供しようとしているからといって、オーディエンスがそれを同情して見るとは限らない。そのあらゆる「リアリズム」と「事実」の強調のために、ドキュメンタリーという形式は依然として、生産者の意図を歪曲するとともにオーディエンスの中に矛盾する感覚を喚起するような、テレビという視聴覚記号の記号システムを通して伝達しなければならない。歪曲はここでその記号システムに埋め込まれているのであって、生産者や視聴者の「失敗」ではない。ホールによれば、「伝達交換の両側の間」、つまり（「エンコーディング」としての）メッセージの生産の契機と（「ディコーディング」としての）受容の契機の間には、「適合性の欠如」があるという(E/D: 131)。

この「適合性の欠如」はホールの議論の中核を担う。これは、コミュニケーションが記号システムの内部で起こるしかないがゆえに生まれるものである。エンコーディングとディコーディングの契機はそれぞれ、言説システムへの入り口でありそこからの出口でもある。第一章でみたように、言語は現実的なものを反映するのではなく、私たちに代わって現実的なものを構築し、かつ「歪曲」する。したがってきわめて基本的なレヴェルでさえ、「視覚的言説は三次元の世界を二次元の平面へと翻訳するが、それはもちろんその指示対象やそれが意味する概念になれるわけではない。映画の中の犬は吼えることはできても、噛み付くことはできない！」(E/D: 131)。「メッセージの言説形態が伝達交換の中で特権的な位置を占めている」一方、コミュニケーションとは単に言語や言説以上の何かであり、ホールにしてみれば、構造主義を用いたとしても、それだけではエンコーディングとディコーディングの契機の間にある適合性の欠如を十分説明することはできない。結局ホールの関心の的は究極のところ、メディア・メッセージの言語学的含意ではなく、彼が「エンコーディング／ディコーディング」の一九七三年版で前景化していた事実としての政治的なものなのである。

> 記号論的視点を適用することはあっても、だからといって私には、テレビ言説の内在的仕組みへの閉じられた形式的関心があるということではない。それ〔記号論的視点〕は、伝達過程の「社会的諸関係」にも注意を払わねばならないからである。（E/D73: 1）

コミュニケーションの社会的・政治的次元へのホールの関心は、この論考のまさに冒頭から明らかだろう。そこではコミュニケーションの「送り手‐メッセージ‐受け手」というモデルに代わる、マルクスによる商品生産の理論に依拠した代替案が提示されている。このモデルは、ホールが「契機」と名づける、流通や分配といった多くのものから成立しているが、そもそもの関心は、生産としてのエンコーディングと消費としてのディコーディングという地点にある。ホールはマルクスの語彙を奪用することで、伝統的なコミュニケーション・モデルの線状性を一つの円環に置き換えた。この円環では、「送り手」は「生産者」となり、「受け手」は「消費者」となる。「受ける」ことはマス・コミュニケーション研究ではコミュニケーション過程の終点を示し、受動性を暗示するのに対し、消費することは意味の生産や「再生産」に至る積極的な過程なのである。ここでホールは三つの視座から距離を取っている。第一に、視聴者の反応は「膝頭をこつんと叩いたような」(E/D: 131)本能的反応だとする行動科学的マス・コミュニケーション理論から。第二に構造主義の言語中心主義的な抽象主義から。そして第三に文化主義のような文化の表出的見解から。マス・コミュニケーション研究において「受け手」が直線の終点を表すのに対し、ホールにとって「消費は、生産が消費を決定するのとま

言説と指示対象

すでに登場している「言説」と「指示対象」という言葉は、ホールの著作の中で重要な関係性を共有している。「言説」とは、ホールがフランスの知識人であるミシェル・フーコー(一九二六―八四)から借用している概念である。ソシュールとバルトが、言語と記号のシステムとしての比較的小さく孤立化した表象のユニットに着目していたのに対し、フーコーはより広い表象のシステムである、権威を獲得し特定の歴史的契

DISCOURSE AND THE REFERENT

機に支配的となる特定の主体に関する語り、言表、そして／またはイメージのあらゆる層の一群に関心を持っていた。ここでの支配や歴史への力点が示しているかもしれないが、「言説」がホールにとって有用なのは、それが意味の生産だけに執着した構造主義よりも、表象の歴史的に特殊で政治化された概念を、知識と権力の生産という観点から提供しているからなのである。

あとで私たちは、「9・11」を一つのテレビ言説として、つまりは二一世紀初頭の特定の歴史的出来事を描写している映像、権威的人物による言表、写真、証言、再構成などといった表象の一群として考察するだろう（104―108頁と112―117頁を参照）。ホールはフーコーに倣い、言説はどのように作用し、ある主体の特定の理解だけを統治し活性化させ、その一方で他のものを排除し異端化しているのかということに着目する。ホールにとって重要なのは、フーコーが言説の外部には現実の物理的世界などはないと言っているのではなく、現実世界は言説を通してしか意味を獲得することができないと言っていることである。「9・11」の出来事は起こった。それはそれを記述するために動員された表象の総量以上のものである。しかしこれから見るように、出来事の意味そのものは言説的に生産されたのである。ホールは、ラクラウとムフからの引用をまとめながら、もっと日常的な例で説明する――「あなたが蹴る丸い皮の物体はボールという物理的物体である。しかしそれは、社会的に構築された試合の［言説的］規則の内部においてのみ「フットボール」となるのである」（*R*: 45）。

ホールが用いているように、蹴るボールや嚙み付く犬といった、記号が指し示す言語の外部の物理的世界としての「指示対象」を言説が忘れているわけではない。ホールはソシュール的構造主義には批判的であった。なぜなら第一に、それは言語の外部の物理的世界を無視している。第二に、言語を特定の契機で共時的にとらえているために、言語の歴史的、通時的な次元を無視している。第三に、その形式主義は、その抽象や高度な理論への嗜好性とあいまって、政治から撤退する危険を冒しているからである。

さに同じように、生産を決定する」（RED: 255）。ここで提示されているのは、コミュニケーションの分節化モデルである（「分節化」のコラム、85頁を参照）。そこでは意味は、円環のいかなる特定の契機に落ち着くことも、またそれによって保証されることもありえない。生産や流通などの過程は、それらが連動している他の契機との関係において決定され、また決定することもある。「いかなる契機もそれが分節化される次の契機を完全に保証することはない。……それぞれの契機にはそれぞれに特定の様相と存在条件がある」（E/D: 128-9）。このような文脈でアルチュセール的な語彙を適用しつつホールが唱えるのは、エンコーディングとディコーディングは過剰に決定された、相対的に自律した契機だということである。

このような分節化という抽象的な理論を具体化するために、本章では「9・11」のメディア報道を一例として、エンコーディングとディコーディングの特定の契機をさらに詳細に検討していこう。

二〇〇一年九月十一日、二機の飛行機が世界貿易センターに突っ込んでいくイメージが世界中のオーディエンスに伝えられたとき、その出来事の意味は間違いなく明らかであるかのように見えた。北アメリカがテロ攻撃の悲劇的犠牲者となったというものだ。出来事をめぐる悲劇的感情は、そのニュースを受容しながらヨーロッパやアメリカのオーディエンスが見せるトラウマ的な反応を流し続けるメディアの中で強調された。しかし、このような服喪的な光景とは鋭く対立するかのように、メディアはまた、ニュースを祝っているかのようなパレスチナの人々をも映し出していた。同じ出来事のメディア報道に対する異なる人々による対立する反応は、ツイン・タワーの崩壊には単一の意味があるわけではないということを示している。メディアのイデオロギー的役割と、メディアはどの程度意味を統治し代替的な意味を生み出せるのかを探求することにより、何にもまして「エンコーディング／ディコーディング」は、同じメディア的出来事に対してなぜ異なる読解が行われるのかに光を当てたのである。

OVER-DETERMINATION

過剰決定

『マルクスのために』に収められた論考「矛盾と過剰決定」の中で、アルチュセールが効果的に用いたフロイト的概念。過剰決定とは、アルチュセールによれば、経済的なものだけではなく、イデオロギー的や政治的なものも含め、数多くの決定諸力があるということである。「過剰決定」というアルチュセールのこの概念は、数多くの連動したり分節化されたりする決定というものを示唆している。これによって「決定論」的マルクス主義にありがちだった土台から上部構造への機械論的運動論が克服される。

RELATIVE AUTONOMY

相対的自律性

ホールと現代文化研究センターの活動の中で特に影響力のあった言葉。「相対的自律性」とは、イデオロギーは経済的なものからある程度自由であるということを示唆する。このモデルにも決定という契機はあるが、ただそれは「最終審級」においてなされるにすぎない。アルチュセールによれば、経済的なものは常に何らかの形で上部構造を決定するが、それが必然的に支配的であるというわけではない。

エンコーディング

最初の飛行機がノース・タワーに激突した後十五分経過したころには、すでに数人のカメラ・クルーがニューヨークの世界貿易センターの現場に駆けつけていた。二番目の激突とその後の顚末はテレビで生放送され、出来事が私たちの目の前に明らかにされるにしたがって確実に緊急事態となっていった。にもかかわらず、「9・11」が生み出した意味は、エンコーディングのその瞬間だけから自発的に発生したわけではなかった。その報道はそれが分節化されるより大きなコミュニケーションの円環によって過剰に決定されていたのである。例えばその混沌としてかつてないような感情にもかかわらず、「9・11」の生産はホールが「報道の制度的構造」と呼ぶものによって規定された既存のお決まりの手続きと規則にしたがっていたのである。ある解説者が記すように、その中に含まれていたのは、

> 利用可能な現場や人物にアクセスできるよう諸機関にコンタクトを取り、インタヴューし、プレス・カンファレンスに出席し、ある種のドキュメンタリー資料を用いること。また締め切りに間に合わせ、(証人や権威ある人物たちといった)特定の種類の人間たちから、「事実」や写真や引用を導き出すことなど……。
>
> (Karim 2002: 102)

このような物質的な構造に加え、「9・11」のエンコーディングは「過去三十年間にわたって西洋で流布していた暴力、テロリズム、イスラム」に関するジャーナリスティックな言説によっても形作られていた（E/D: 102）。

こうしてホールの論点の有効性が明らかになる。つまり、エンコーディングとはコミュニケーションの言説的領域への参入点であると同時に、エンコーディングが起こる物質的生産条件によって構築される「契機」だということである。ホールにとってエンコーディングは決定的な契機であり、そこでは「生産の制度的‐社会的諸関係が言語の言説的規則の下を通過しなければならない」（E/D: 130）。

> 生の歴史的出来事は、そのままの形態では、例えばテレビ・ニュースとして伝達されることはありえない。出来事はテレビ言説の視聴覚形式の内部で意味づけされるにすぎない。ある歴史的出来事が言説記号の下を通過するその瞬間、言語が意味作用をなす際のあらゆる複雑な形式的規則に従わなくてはならない。逆説的に言えば、出来事は伝達される出来事となる前に一つの「物語」にならなくてはならない。（Karim 2002: 129）

ニュースは純粋で「生」の出来事として私たちに提供されるわけではなく、ソシュールのラングにあたる言語の統治システムの「形式的規則」に従わねばならない。テレビのニュースが文字通りの言語ではないことは明らかでも、それが高度にコード化され「慣習的な」言説であるという事実によって、ニュースと言語とのアナロジーは生産的なものとなる。机、フォーマルなドレス・コードや姿勢などはすべて、テレビのニュースにおける「記号」であり、それぞれが「権威」、「信用性」、「真剣さ」、「客観性」という価値を運んだり「意味」したりする。同様に個々のニュース事象は実際の歴史的出来事を覗く窓にはならないが、それを一つの「物語」へと変換しなければならない。災害、スキャンダル、殺人が「そのまま」の形態で現れることはないが、それらの出来事が意味を持ったり意味作用を行ったりする前に、それらは言説的に生産されなければならない。つまり、一連のコードや記号システムの内部に位置づけられてコード化されなければならないのである。その見かけの緊急性のために、「9・11」報道の視聴者がその日に目にしたものは、構築されぬままの出来事ではなく、一つの「視聴覚的」言説なのである。それは注意深く編集されたアマチュアのヴィデオ映像、証言、リポーターの語り口を、一つの「物語」を生産するために選択的に組み合わせた結果なのである。

ディコーディング

コード化された「メッセージ形式」が意味をなし「「効果」を生む」(E/D: 130) ためには、視聴者によって解読されねばならない。ホールによれば、すでに見たように、生産／エンコーディングがその意味を確保し決定するよう作用する重要な役割を果たしているとしても、テレビ言説にはメッセージの生産者によってそこに埋め込まれた本来的な意味があるわけではない。そうではなく、意味作用の可能性を発しているのは、見るという行為なのである。そしてディコーディングの契機においてこそテレビのメッセージは「社会的有用性や政治的効果」を獲得する（E/D: 130）。ホールにとってディコーディングは最も重要なのにもっとも無視されてきた伝達過程の局面なのである。ホールは、この無関心の原因を、テレビ言説が「イコン的」記号を用いているからだとしている。

ホールによると、イコン的記号は意識的なディコーディングに抵抗する傾向がある。なぜなら、イコン的記号は視聴者によって用いられた認識コードを再生産するからである。

このように考えると、「牝牛」の視覚記号は、牝牛という動物の表象ではなく、実は動物そのものだと考えるようになる。しかしもしも家畜養育マニュアルや、「牝牛（cow）」という言語記号の視覚表象を考えたりすれば、ともにそれらが表象する動物の概念という意味で、程度の差はあ

ICONIC SIGNS

イコン的記号

「エンコーディング／ディコーディング」でその著書『理論文法』（一九三二）も引用されているアメリカの哲学者チャールズ・パースは、記号論において影響力を持つことになる、「指標的」、「象徴的」、「イコン的」記号を区別した。「イコン的記号」とは視覚記号であり、写真などのようにそれが指示する対象（指示対象）にきわめて似通った記号のことである。

れ恣意的だということがわかる。視覚的であれ聴覚的であれ、恣意的記号の指示対象の概念との分節化は、自然ではなく慣習のなせる業なのである……
(E/D: 132)

ホールはソシュールにならい、意味するものと意味されるもの、視覚記号と「もの」との関係性は自然に見えるけれども実は慣習的であるという事実から、記号の恣意的性質を強調する。

ホールはさらに、文化的に構築された記号と自然に既存の普遍的な指示対象との混同を、言語論に見られる「明示的意味」と「暗示的意味」との混同に結び付けて考えている。

ホールによれば、実際すべての記号はどんなに「文字通りに」見えたとしても暗示的意味があるので、「明示的意味」と暗示的意味との区別はまやかしではあるが、この区別には分析的価値がある。明示的意味のレヴェルでイデオロギー的な意味は比較的固定されているように見えるが、暗示的意味のレヴェルはイデオロギー的介入とそれへの異議申し立ての重要な現場となっている。なぜならば、「意味と連想の流動性がより完全に搾取されかつ変容されうるから」である(E/D: 133)。ここでホールは、言語は「多方向アクセント」であると宣言する(「多方向アクセント」のコラム、58頁参照)。記号は新たなアクセント付けに開かれており、意味をめぐる闘争に、すなわち言語における階級闘争に完全に参入している(E/D:133)。多方向アクセントはディコーディングにとって重要な意味をもっている。なぜなら、もしもこのヴォロシノフの理論を受け入れるなら、テレビのメッセージは当初思われていた以上に抵抗にさらされていることになるからである。オーディエンスはもはや生産者によって植え付けられた固定された意味を受動的に吸収するものとしては考えられないので、「ディコーディング」は視聴者の社会的位置に左右される、意味をめぐる闘争を必然的に抱え込まなければならない。このように、生産者によって「すでに構築された意味」は、消費者によって「一つ以上の暗示的意味の布置へと潜在的に変容させられる」のである(E/D: 134)。

ホールはここで、彼がテレビ的記号の「多義的価値」と呼ぶものへの関心を示している。それはさまざまな潜在的に拮抗しあうような意味をもたらすために、一つ以上のものに意味作用するテレビ的記号の能力のことである。意味は単一ではなく多方向である。オーディエンスの「仕事」は、メッセージの中枢に据え付けられた真の中核となる意味を発見することではなく、「相対的自律性」の範囲で意味を生み出すことである。だからこそホールの言う消費者は同時に生産者でもあるわけだ。

DENOTATION AND CONNOTATION

明示的意味と暗示的意味

「今日の神話」と題された『神話作用』の最終章と『記号学の原理』の中で、バルトは一つの記号から連想される意味である「暗示的意味」と記号の文字通りの意味である「明示的意味」とを詳細に論じている。明示的意味のレヴェルでは、ある記号の意味に関する一般的な同意が得られている。しかし暗示的意味のレヴェルでは、広告の示す「言語」が階級やイデオロギーによって特徴付けられたり、受け入れるか入れないか人によって異なるような連想が顕在化される(「記号論」のコラム、76頁を参照)、このためバルトは、イデオロギーは主に暗示的意味のレヴェルで作用すると考えた。

しかしホールはここで、テレビのメッセージが私たちが好きなようになんでも意味を持つことができると言っているわけではない。さらに、テレビのメッセージが生み出すことのできる意味の最終的な数は「どれもが平等ではない」(E/D: 134)ので、多義性を自由で民主的な選択を含意している「多元性」と混同するのは過ちであると、ホールは主張する。社会はホールが「優勢な意味」と名づけるものを生み出す「支配的文化秩序」を構築しているのである。

優勢な意味

支配的もしくは「優勢な意味」という概念によって、ホールは多層的記号の政治的含意を突き止めることができる。それは記号に「書き込まれ」ている、さまざまな「社会的意味、実践、用法、権力、利害」のことである(E/D: 134)。優先的意味は「常識」や「自明性」に依拠しているので、「社会的、文化的、政治的世界の類型化」を強制し有効にする「支配的文化秩序」を反映する(E/D: 134)。

ホールにとって、意味と解釈は階層的に組織化されている。だから支配的意味と支配的読解は制度的、政治的、イデオロギー的レヴェルで支配的文化秩序を反映することになる。「9・11」のテレビ・ニュースは、「文明化された」世界への「テロリストによる攻撃」として、出来事の支配的もしくは優勢な意味を確定するよう作用した。「テロリズム」と「文明化」がそのような言説の内部で常識的言葉としてコード化され、またおそらく頻繁に解読されたのである。しかし、にもかかわらず、

そのような言説が価値自由で「無垢な」ラベルでないことは明らかで、西洋の支配的文化秩序のイデ

COMMON-SENSE

常識

グラムシによって用いられ、多様な社会集団の一見「自発的な」仮想や信念を指す言葉。「常識」の常識的見解がそれを肯定的に見ているとしたら、グラムシはそれが支配秩序への同意を表す迎合的な思考様式だという。だから常識は疑問視され、「良識」に取って代わられねばならない。何かを常識だと言うことは、「物事ってのはそういうものだ」というように、疑問さえ抱かせず、文化的で特別なものを自然で普遍的だと提示することと同じである。したがってホールが述べるように、常識はヘゲモニーの維持に関連する重要なイデオロギー的役割を果たしていることは明らかである。

> 常識をすべからく「自発的」で、イデオロギー的で、無意識的なものにしているのは……、まさにその「自発的」性質であり、透明性であり、「自然さ」であり、それが基礎付けられている前提の検証を拒絶することであり、変化や是正への抵抗であり、瞬時に承認されるという効果なのである。
>
> (CMIE: 325)

「エンコーディング／ディコーディング」においてホールは、メディア・メッセージはその遂行的な性質を通じることによっても常識的地位を獲得していると示唆している。「9・11」や、メディアにおけるそれと似たようなものの物語が繰り返し遂行され、劇化され、語られることにより、文化的に特定の読解が単に好まれ普遍化されるだけでなく、常識となってしまうのである。

オロギー的刻印を伝達しているのである。従属的ではあるとしても、「9・11」のもう一つの説明は、この攻撃にかかわるアメリカのそれほど「文明的ではない」外交政策に言及される際に現れた。その際合衆国は「テロリスト」として、「テロリスト」は自由の闘士や反帝国主義者として呼びかけられた。

ホールが述べるように、「テロリスト」などの意味するものをめぐるイデオロギー的闘争によって、「優勢な意味」が「単一音でも無抵抗でもない」ことが明らかになったのである（E/D: 134）。

> 支配的意味について語るとき、私たちはすべての出来事がどのように意味づけされるかを統治する一面的な過程について話しているわけではない。支配的意味とは、それが暗示的に意味を与えられる支配的定義の限界の内部で出来事のディコーディングを強化し、それへの好ましさを勝ち取り、それを正統として受け入れさせるために必要とされる「作業」から成り立っているのである。
> （E/D: 135）

ここでホールはグラムシにしたがって、文化とイデオロギーは一面的な方法で私たちに上から押し付けられる外在的な構造ではなく、私たちがとらわれている恒常的な闘争と折衝の現場であると述べている。もし西洋での「9・11」の優勢な意味と読解が「悲劇的」出来事のそれであったとしても、それは強固に抵抗なく「意味された」ものではない。ツイン・タワーの崩壊を祝っているように見えるパレスチナ人たちのニュース映像は、「悲劇」とはその出来事の本来的な意味でも固定された意味でもないことを強烈に暴きだしている。一方では先進民主主義の文明を、他方では抑圧的なネオコロニアルな資本主義を暗示しながら、ツイン・タワーは「9・11」後の多層的もしくは多方向的記号として現れたのである。

ホールにとって「優勢な意味」はこのように常に抵抗を受け、変容に開かれたものである。「優勢な意味」という言葉は結局、エンコーディングとディコーディングが、「前者が「優-勢」になろうとしながらも、それ自身の存在条件のある後者を規定することも保証することもできない、非対称で非等価な過程」であることを明らかにする（E/D: 135）。さらには、エンコーディングとディコーディングの契機の間にある「適合性」、もしくは「必然的照応」の欠如は、どちらにしても私的で個人的な「誤解」（ホールは文字通りの誤解が起こることは認めている）にではなく、「体系的に歪曲されたコミュニケーション」と深く関係している。

「「誤解」の常識的な意味を脱構築するため」でもあるが、ホールはディコーディングがなされる三つの仮説的ポジションを概観してこの論考を閉じている。これらのポジションは、フランク・パーキンの『階級的不平等と社会秩序』（Parkin 1971）から発展させたものだが、パーキンの著作に見られる経済決定論は回避されている。

1. 支配的-ヘゲモニー的ポジション——視聴者はコード化の過程と支配的文化秩序によって正統化

されたコードにのっとって解読する。これは「完全に透明な」コミュニケーションの一例となるだろう。例えば、ヨーロッパやアメリカで支配的な「9・11」のニュース番組を見て、その出来事は「文明世界」に対するテロ攻撃以外の何ものでもないという常識的な結論に至る視聴者を考えればよい。

2．折衝的ポジション――視聴者が支配的なテレビのコードを採用したりそれに抵抗したりできる潜在力を持つ矛盾したポジション。「このポジションは、「特殊状況」により折衝された適応を行う権利を維持したまま、特権的ポジションを支配的定義に擦り寄らせる」（E/D: 137）。ホールは賃金凍結のニュースに対するある労働者の反応を例に出す。その労働者はこのような凍結策を国益という点からは承認するかもしれず、したがって支配的－ヘゲモニー的ポジションを採用する。しかしこれは、店頭や組合レヴェルで彼女がストライキをする決定をするかどうかとはほとんど関係がない。別の例を出すなら、「非文明的」なものとしてのイスラムの構築や、西洋のイスラム教徒に向けられた人種差別に抵抗しながら、アメリカへの「テロ攻撃」を非難することによって「9・11」のニュースに反応したイギリスのイスラム教徒たちを考えてみればよいだろう。

3．対抗的ポジション――ホールにとって「最も重要な政治的契機の一つ」（E/D: 138）であり、視聴者は支配的なテレビのコードを認識しそれに抵抗する。先の例を続けながらホールは、賃金凍結の知らせを聞いた視聴者が「国益」へのあらゆる言及を「階級利害」として解読する場面を想像する。そうでなければ、「9・11」の例をみればよい。最近のニュースが伝えるところでは、イギリスのイスラム教徒たちは、ブッシュ政権に率いられるいわゆる「テロに抗する戦争」とは「イスラムに対する戦争」だと信じているという。これが対抗的読解の実際の事例である。

このようにまとめられる三つのポジションは、オーディエンスは受け入れるか拒絶するかのどちらかでしかないという分離された静態的な見解ではなく、それを横断して視聴者が移動する連続体の一部として最もよく理解できる。したがってホールは、「対抗的ポジション」を「通常折衝的に意味づけされ解読される出来事が、対抗的な読解を与えられ始める」契機と考えているのである（E/D: 138）。あるオーディエンスが公共事業体のストライキにその一週目には共感していたとしても、翌週にそれを支持するかどうかは保証できないのだ。

ホールの見解についてもう一つポイントを上げるとすれば、このような三つのポジションが、孤立化した視聴者たちの「個人的」理解（誤解）を示すのではないということである。ホールにとってこれらの類型は特定の社会集団に関するイデオロギー的ポジションだからである。このモデルを説明するためにホールに使われている「労働者」という事例は、彼がマルクス主義的／階級的文脈の中で思考していることを示している。しかしこうしたポジションが単純に階級へと還元されないということについて、ホールは明確である。「9・11」の例が示すように、社会集団は宗教、エスニシティに加え、年齢やセクシュアリティなどによっても定義されるからである。

最後に注意しておかねばならないのは、ホールのモデルは仮説的であって、実際のオーディエンス研究のための事前に用意された公式として意図されてはいないということである。ホール自身が最初から指摘しているように、このモデルは「経験的に試験され精緻化されなければならない」(E/D: 136)。中でもホールのかつての学生の一人であるデヴィッド・モーリーによって行われた「試験」と「精緻化」は最も影響力あるものの一つである(Morley 1980, 1986 および 1992 参照)。モーリーの研究は、当時BBCで放映されて人気のあった夕方の情報番組である『ネーションワイド』について一九七五年から七七年にかけて行われた、現代文化研究センターでのメディア・グループによる調査から生まれたものである。モーリーは階級、職業、人種などによってグループ分けされたさまざまなオーディエンスに番組の一エピソードを見せて、支配的、折衝的、対抗的なそれぞれの読解の仮説を確かめた。この「エスノグラフィー」的アプローチは、オーディエンスの反応はきわめて矛盾に満ちていて、階級や社会的地位では厳格に決定されないことを明らかにした。

しかしモーリーはこの研究をホールの批判として、エンコーディングとディコーディングのモデルが「崩壊」するきっかけとして読み取ることには疑問を呈している。モーリーはまずもって、ホールではなくパーキンの限界に着目している。ここでモーリーは、ディコーディングは階級などのような決定因から自由に浮遊しているとするジョン・フィスクやジョン・ハートレーのようなカルチュラル・スタディーズの批評家の研究(Fiske and Harley 1978)から、自分の研究を区別しようとする。しかし彼の研究が、階級や人種とジェンダーなどの要素が直接にオーディエンスの反応を決定するわけではないということを説得力を持って示していることに変わりはない。例えば、ある労働者階級のオーディエンスが保守党の政治番組に対して対抗的読解をするかどうかは、保証の限りではないということだ。

文化主義と構造主義の狭間で

本章冒頭で、「エンコーディング／ディコーディング」は通常、文化主義から構造主義への転換としてみなされると書いた。これによって、第二章で概説した理論的位置をホールがどのように実践に移していい、い、い、るのかを考察するとともに、彼の研究がいわゆる「文化主義／構造主義の分断」とどのような位置関係にあるのかを推察する機会を得た。確かにホールのこの論考は理論的にも洗練されている。第二章で検討した『ザ・ポピュラー・アーツ』のような現代文化研究センター以前の研究や、ホガート、トンプソン、ウィリアムスの文化主義的視座から一線を画す意味でも意識的である。構造主義と記号論によってホールは、「エンコーディング／ディコーディング」の中でメディア言説を考察する、より説得的でよりラディカルな語彙を獲得した。例えば、テレビ・コミュニケーションの言語は世界を反映するのではなく構築するので、「完全に透明」なように見えるものを「体系的に歪曲する」ことになる、というように。

ところが、もしホールのこの論考が伝統的に反理論的な文化主義からの離脱を示しているとしても、ホールは大文字の理論（Theory）に関しては依然疑いを持ったままである。ホールは構造主義の視点を取り入れながらも、記号への閉ざされた形式的関心はないと強調している。さらに、ディコーディングの契機を優先させ、意味の生産におけるオーディエンスの積極的な役割を強調することは、彼が依然として行為体としての人間に対して文化主義的信仰を持っていることを示している。

「エンコーディング／ディコーディング」は第二章で検討した「カルチュラル・スタディーズ——二つのパラダイム」で説かれていたものを実践したといえる。つまりどちらのパラダイムもそれ自体では不十分だということを明らかにしたのである。言語／言説は自己生成的機構であるとする構造主義的見解は、折衝的、対抗的読解という考え方によって問いただされる。また一方で、文化主義のナイーヴなヒューマニズムは、「経験」自体が言語を通じて構築され、三つの読解そのものが「言説における闘争」(E/D: 138) だというホールの主張によって回避されている。

このような「闘争」の強調はホールのこの論考の中心にあり、ひいてはグラムシの影響を示すものでもある。「ヘゲモニー」と「常識」の概念によって、文化主義かもしくは構造主義かという二項対立の締め付けを乗り越えることができた。「エンコーディング／ディコーディング」は、テレビの言説が支配的文化秩序の価値と意味を強制ではなく同意によって再生産し保証する、基軸的な役割を担っていると論じている。ところがこのような支配的で優勢な意味は、そうではない別の意味作用をしなければならないような抵抗や変容に常に開かれている。このような理論的観察によって、次章の焦点である『儀礼による抵抗』や『危機を取り締まる』に見られる、メディアの活動に関するホールによる最も詳細な説明の萌芽が提供されるのである。

まとめ

ホールは現代文化研究センターに在任中、ニュース写真の記号論（1972a）やメディアにおける「逸脱」の構築（1974）から、戦後イギリスの写真ニュース誌「ピクチャー・ポスト」（1972a）やドキュメンタリー番組である「パノラマ」（1976）にいたるまで、メディアに関する多くの影響力ある構造主義的考察を出版している。しかし、後に続くカルチュラル・スタディーズの研究に最大のインパクトを与えたのは「エンコーディング／ディコーディング」である。この論考の主要な論点は次のようにまとめられるだろう。

1．メディア・メッセージは、それが作動する意味作用の枠組みと生産者と消費者といった社会関係によって体系的に歪曲されている。

2．生産としてのエンコーディングと受容としてのディコーディングの契機は、相対的に自律し過剰に決定されてはいるが、メディア・メッセージのサイクルの中で特権的な契機であり、そこでは意味が生産かつ再生産される。

3．メディア・メッセージは常に特定の意味と読解を支配的文化秩序に合うよう「優勢化」させるように作用するが、それは単一のアクセントではないので、一定の代替的な意味を生み出すこともできる。

4．ホールは支配的 - ヘゲモニー的、折衝的、対抗的という三つの仮説的な読解のポジションを用いて、メディア・メッセージの多方向アクセントの性質を描き出している。

第四章　人種差別と抵抗

一九七二年十一月五日、アイルランド人の季節労働者ロバート・キーナンは、いつものパブを出てハンズワースの街を家路についた。その地域はバーミンガムのインナー・シティの中でも、アジア人とアフリカ系カリブ人が多く住むところだった。その途中、キーナン氏は十五歳から十六歳くらいの混血の若者三人に呼び止められ、近くの空き地に引きずり込まれて繰り返し強打されたうえ三十ペンスとキーホルダー、それにタバコを数本盗まれた。かかわった少年たちは後に逮捕され、三人合計で執行猶予付き四十年の刑を宣告された。後に新聞各紙がこぞって言及したように、「マギング（路上強盗）」という言葉が全国紙地方紙を問わずメディアに取り上げられるようになった。その言葉はスチュアート・ホールと現代文化研究センターの注意を引くことにもなったのである。

ホールがバーミンガム・センターの所長を務めていた間に出版された最も影響力ある二つの共同研

究プロジェクトである『儀礼による抵抗』〔一九七六〕と『危機を取り締まる』〔一九七八〕は、この事件をきっかけにして着手された。表面的にはこの二冊の著作はまったく異なったテクストである。『抵抗』は白人の若者のサブカルチャーを集中的に取り上げているが、『取り締まる』のほうはマギングに関する危機を調査したものだ。しかし以下に述べるように、両者を一緒に考えてみる十分な理由がある。それはともに同じ研究プロジェクトから出発しているからである。マギングに関する調査はサブカルチャーに関するプロジェクトを通じて着手され、『抵抗』に比類なき影響を与えている(*RTR*: 6)。さらにこの二冊の書物は、一九七〇年代のイギリスに広がっていた共通の文化的経済的状況と関心の数々へのさまざまな対応を描き出している。乱暴にまとめてしまえば、両者はともに七〇年代におけるモラル・パニックの背後にある理由を探求しているのである。モラル・パニックは結果としてスケープゴート、もしくはフォーク・デヴィルズ〔社会的逸脱というラベルを貼られ、都市伝説化された個人や集団。イギリスのテディ・ボーイズ、モッズ、ロッカーズなどが代表例〕を生み出すことになったが、それはそもそも『抵抗』の中では若者のサブカルチャーに、『取り締まる』の中では黒人移民の定住者たちの問題と考えられていた。二冊の書物はともに、モラル・パニックが黒人イギリス人や白人の若者たちの実際の活動とはほとんど関係なく、現実には現代イギリスの深部にある一連の問題や不安を転移させたものだったのである。このような不安は、戦後イギリスに関する特定の読解の仕方によって『抵抗』でも『取り締まる』でも触れられている。それは合意と同意の戦後文化から、社会的経済的危機と権威主義的強制への移行ということである。最後に、二冊の書物はともに、白人文化と黒人文化それ自体のための抵抗の潜在的形態として、サブカルチャーとマギングの重要性を考察している。

モラル・パニック、フォーク・デヴィルズ、転移、合意から危機への移行、抵抗。これらはそれぞれ本章の主要な論点となるであろう。このリストが示すように、『抵抗』も『取り締まる』もハンズワースの事件に触発されてはいるが、これらの研究プロジェクトの主題には、一つの出来事に収まらないほどの広がりがあったのである。

『危機を取り締まる』は、マギングへの不安がピークを迎えていた一九七二年八月から一九七三年八月までの十三カ月の期間に焦点を当てている。この間マギングが一二九パーセント増加したと報道されたが、ハンズワースの一件はメディアによって報道された他の六十の個別の事件の中のほんの一つにすぎなかった。この統計一つ取ってみても、この時期にパニックがピークに達していたことや、そのパニックが誘発した重い求刑の要求があったということがわかるだろう。しかし『取り締まる』によれば、マギングという法的範疇がなかったのだからマギングの増加率など計れるわけはないのであり、この統計にはなんの経験的証拠もないのである。それだけではなく、パニック以降犯罪率は上がるどころか低下しており、それにもかかわらず求刑期間は寛大になるどころか伸びていたのである。マギングへの対応が「現実に示された脅威とは程遠い」（*PTC*: 16）ならば、そもそもこのパニックとはなんだったのか。ホールたちはこう問いかける。

ホールたちは『抵抗』と『取り締まる』の中で「モラル・パニック」という用語を援用し、人種、若者、犯罪が戦後イギリス社会の中でいかにして広範な社会不安の潜在的な比喩となったのかを考察しようとした。

特にモラル・パニックという言葉が使われたのは、パニックの個別の「エピソード」が法の介入を要請するような「より深刻で長期的問題」に結びつけられた五〇年代から八〇年代の間に、若者と人種を取り囲んでいた、増殖する社会不安を考察するためだった。ホールたちはこの過程を「意味作用のスパイラル」と呼び、なにがてんでばらばらなモラル・パニックをかき集め、より大きな単一の不安へと作り上げているかを描き出そうとした。例えば『取り締まる』の中でホールたちは、一九六〇年代初頭からのモッズやロッカーズをめぐる多種多様なパニックが、一九七〇年代におけるマギングに対するより広範でより体系的な法と秩序のキャンペーンへと進展していくさまを図式化している。ここで「意味作用」という言葉が用いられ、問題となっているのは、不安を誘発する出来事が際限なく増え続けているということではなく、そうした出来事が例えば新聞によって意味づけられる際の加速性と過剰性であるということが前景化される。モラル・パニックが誘発する増幅の過程は、若者文化それ自体ではなく、いかに黒人と白人の若者がラベルを貼られるかということにかかわっているのだ。例えばハンズワースの事件は当初、警察からも司法当局からもマギングとは言われなかった。しかし結局、メディアの報道の中でマギングとして確定されたのである。

『取り締まる』の冒頭部分でホールたちは、このようなラベルを貼る過程の意味を考察するために、彼らがマギングという「ラベルの履歴」と呼ぶものを追求する。ホールたちはマギングが単にメディ

MORAL PANICS

モラル・パニック

五〇年代のテディ・ボーイズ、六〇年代のモッズとロッカーズ、六〇年代後半から七〇年代にかけてのパンク、スキンヘッド、ラスタなど、戦後世代の多くの特徴ある若者サブカルチャーの台頭は、強烈な社会的道徳的反動を誘発した。こうしたサブカルチャーは伝統的な家族の価値の衰退と青臭い怠惰、甘やかし、犯罪の上昇とに結びつけられた。若者サブカルチャーは、親、教師、新聞、裁判所、警察といった権威の目には、社会崩壊の原因と映ったのである。より広範な社会問題のスケープゴートになったということだ。モッズとロッカーズに関する著名な研究である『フォーク・デヴィルズとモラル・パニック』（一九七二）の中で、イギリスの社会学者スタンリー・コーヘンは、このような社会的反応を「モラル・パニック」という言葉を用いて表した。彼によるこの語の定義は依然として最も明確である。

> ある状況、出来事、人物、もしくは集団が社会的価値と利害への脅威として定義される。……パニックは過ぎ去り忘れられることもあるが、……時には深刻で長期的な反響をもたらし、法的社会政策や社会がどのように社会自体を認識するかにまで変化をもたらすこともありうるのである。（Cohen 2003: 1）

最近では、モラル・パニックはレイヴ・シーンやドラッグ使用、エイズ感染、遺伝子操作、難民などに関連して生じている。コーヘンの著作は、例えばジョック・ヤングによる「増幅器」としての警察（Young 1971）という概念のように、ホールたちが『抵抗』と『取り締まる』の中で参照している、他のさまざまな逸脱理論のほんの一部にすぎない。詳細はホールの論文「逸脱、政治、メディア」（Hall 1974）を参照。

アによる神話的構築物だといっているわけではない。「マガー〔強盗〕はマグ〔強盗〕したし、マギングは現実の社会的歴史的出来事であった」と主張している。しかし彼らは、「結局何を言ってもやっても、マガーは強盗し、警察はやつらをしょっ引き、裁判所がぶち込んで、それでおしまい」（*PTC*: 186）という考えには疑問符を付す。マギングと呼ばれる犯罪が一九七〇年代の始まりとともにほとんど自発的にイギリスの路上に現れたとしても、マギングというラベル自体にはさらに長い歴史とキャリアがある。この言葉が一九四〇年代から広く使われていた北アメリカからイギリスに輸入されたということだけではなく、実はアメリカ人の用法もまた、一九世紀イングランドの路上犯罪の初期形態である「首締め強盗《ガロッティング》」〔ワイヤーで首を絞めて金品を強奪し、時には殺人も犯す路上犯罪の形態〕から影響を受けていたのだ。マギングは、マガーがマグしメディアがマギングを報道するという文脈であらかじめ存在する現実を表す透明なラベルではない。それは特に人種間緊張や都市の騒擾にかんするアメリカ人たちの恐れという、歴史を遡った暗示的意味にその象徴的な共鳴性の源泉を持つ一つのシニフィアンなのである。ハンズワースの若者たちをマガーとラベル付けするメディアは、マガーというラベルがすでに付与されてしまっている人種的な暗示的意味からは離脱不可能なのだ。

『取り締まる』はマギングというシニフィアンの形式的かつ言語学的な説明にのみ関心を払っているわけではない。『取り締まる』はマギングにかんするパニックの象徴的な性質を前景化してはいるが、このパニックには逮捕者数の上昇、黒人地域の警官数の増加、厳しい判決といった、現実の物質的効果もあるということを強調しているからだ。しかしマギングというラベル付けに焦点を当てることで

PRIMARY DEFINERS

優先的定義者

ニュースになる事象についてメディアはいかにしてまず（政治家、学術的専門家、トップ経営者などの）権威に意見を求めるかということを示す用語。こうすることでメディアは権威に裏付けられた公平な視点を提供することを目指すが、皮肉なことに、そして意図せざる結果、「既存の権力構造」を再生産することになる（*PTC*: 58）。権威ある人物に裏付けられる「優先的定義」は単なる一意見を表象するのではなく、それ以降続く議論の方向と何が言えて何が言えないのかまでをその定義との関係で定めてしまうのだ。かつてホールは次のように述べていた。

> 黒人たち自身が彼らが見たままの問題を定義する番組を目にすることはほとんどない。ここで極めて重要なのは、スタジオでの議論が、黒人がイノック・パウエル氏のために問題を設定しているという前提に立つのか、それともイノック・パウエルが黒人のための問題を設定しているという前提に立つのかということだ。（Hall 1974a: 98）

たとえメディアが優先的定義と、例えば黒人の「代表」による二次的定義との「バランス」を取ろうとしても、論争のイデオロギー的調律はすでにすんでしまっている。問題はイノック・パウエルのではなく、常に数の問題となってしまうことだ（「パウエルとパウエル主義」のコラム、137頁参照）。犯罪報道においてメディアのいうバランスに組み込まれているこのようなアンバランスは誇張される。犯罪者の側が対抗的な視点を提供できる状態であったりそうすることを望んでいるとしても、それはメディアによって正統ではないとみなされるのだ。

ホールたちは、「つまり、犯罪への社会的反応が犯罪の一パターンの出現に先行することはできるのかどうか、そしてそれは歴史的にありそうなことなのかどうかという、そのもっとも逆説的な形式で問題を設定できる」のである（*PTC*: 181）。例えば高速道路にスピードカメラを設置すればスピード違反者が増えるのとまったく同じように、マギング専門の捜査班を設置すると、マガーの数は増えるかもしれないということだ。もっと限定して言えば、黒人地域や黒人の通行者を標的にすることで、黒人マガーがより多く生まれるかもしれないのである。ホールたちにとってこのことは、黒人の若者のほうがマガーになりやすいということを示すのではない。こうした捜査によって人種化された取締り方法が黒人のマガーとしての役割を「増幅」し「固定化」するということである。

警察と同様メディアは犯罪の意味づけや増幅に際して不可欠な機能を果たす。しかし警察とは異なり、メディアは国家に「奉仕」することはないし、支配ブロックの単なる延長とみなされてはならない。『取り締まる』第二部は、ハンズワースの事件とその地方・全国メディアでの表象に解説を加えながら、メディアのこのような理解を「根拠づけて」いる。一面トップ記事から社説、投稿欄にいたるまでを検証し、メディアを横断する「犯罪にかんする高度に構造化された……イデオロギーのセットの現前」（*PTC*: 136）があると述べながらも、ホールたちはメディアの相対的自律性という点からルポルタージュにおける差異を説明する。根絶されるべき「陰謀理論」などないのだから、例えば「人種差別主義者」の解説委員を黒人に交代させれば問題はなくなるということではない。支配イデオロギーとメディアのイデオロギーが「一致」する理由は意識的な意図のせいではなく、ニュース生産のまさに（無意識的な）構造に根ざしている。ここでホールたちは「エンコーディング／ディコーディング」で示された議論の一部を展開している。例えば、トピックや出来事によってニュース構成を変えるなどの「組織的要素」、「ニュースになりそうなもの」を選択し順位付けする際にジャーナリストを拘束する不文律としての「ニュース価値」、そして「優先的定義者」の利用を通じて、いかにニュースがコード化されるのかを考察するのである。

転移――「人種差別と反動」

これまで見てきたように、モラル・パニックは内在的な社会不安がフォーク・デヴィルズやスケープゴートへと転移されることによって、それらへの対処が可能になるような同一化に関連している。ここでのホールにとってのキーワードは「転移」である。「転移」とはフロイトの概念で、抑圧された不安や欲望が夢や無意識の水準で取り扱われ「達成」される様を示す概念だ。私たちの最深部にある不安や禁じられた欲望を「安全」にするために、そのような不安や欲望は他のものへと投影されたり転移されたりし、また連想を通じて作用する象徴へと凝集されることがある。『抵抗』の中でホールたちが説いているように、モラル・パニックを通じて「支配文化は……その悪夢に居場所を与えるためにフォーク・デヴィルズを……求め、見つけ出す」のである（*RTR*: 74）。

しかし、モラル・パニックはただ単に悪夢というだけではない。それは同時にファンタジーでもある。フォーク・デヴィルズは恐怖とともに欲望の（転移された）対象として、極めて両義的な敵なのである。ホールたちによれば、戦後の好景気が、「こんないいことは今までなかった」というように一般的に好ましいものだと見られていたとしたら、それが生み出した享楽的な消費文化は支配的現状や伝統的価値にとっては脅威とみなされていた。転移の両義性を考えれば、七〇年代にその「セックス・アンド・ドラッグ」的ライフスタイルで享楽を体現したロック・スターのミック・ジャガーが、なぜ「〔刑事裁判所である〕オールド・ベイリーから文字通り直接ヘリコプターを駆って、脆弱な特権階級の人々と世界の状況を討議するために会う」（*RTR*: 74）ことになったのか説明がつくというものだ。同じようにイギリスで最も有名な人種差別的喜劇人であるバーナード・マニングが、彼のインド料理への親しみを理由に自分は人種差別主義者ではないときっぱり述べるとき、彼の主張ほど次のような矛盾を体現するものはない。人種差別は欲望と侮蔑をともに通じて無意識に作用するということを。このような転移の理論が、本章の冒頭で紹介したマギング事件を理解するために何をもたらしてくれるのかを描き出すために、モラル・パニックに関するホールの思考の骨格のいくつかを人種と人種差別という観点から考えてみることにしよう。

　七〇年代に書かれた人種に関する初期の著作を省みながら、ホールは人種差別の作用に関する現代文化研究センターでの発見について次のように回顧している。

〔人種差別は〕どちらかといえばフロイトの夢の作業のように作用する。私たちの知見では、人種差別は転移を通じて、否認を通じて、〔バーナード・マニングのように〕二つの矛盾する事柄を同時に口にすることができる能力、すなわち、口にできない事柄を口にする表層的な心象であり、ある文化の抑圧された事柄を通じて自らを表現する。

（RCC: 15）

ホールは「人種差別と反動」（一九七八）の中でこの立場を発展させる。これは本来「人種平等のための委員会」〔一九七六年に設立された人種差別や偏見をなくし多様性と平等性を推進するための政策提言を行う独立調査研究機関〕のために書かれたが、同時に『抵抗』や『取り締まる』の中心的争点への見事なよく整理された道案内となっている。

「人種差別と反動」は戦後期のイギリスにおける人種差別とモラル・パニックの説明である。しかしこの論文はこのようなモラル・パニックを一五〇〇年代にまで遡って論を展開している。食糧不足と増加する人口が飢餓に瀕している国を脅かしているから黒人をイギリス国内から放逐すべし、としたエリザベス一世の訓示を例に引きながら、内在的な物理的問題を人種という「外在的」現前に投影するのはイギリス社会にとって決して新しいことではないと、ホールはいう。奴隷貿易の結果として、一六世紀イギリスには何千人もの黒人がいたということを告げるこの例を引いてホールが主張するのは、「人種」とは戦後移民の結果つい最近訪れた外在的問題などではないということだ。むしろそれは内在的な「イギリスらしさ」の要素であり、その構成部分なのである。「それはあなたが今かき回している砂糖の中に。かの有名なイギリス人の「甘い物好き」な嗜好に。もう一杯の「イギリス的」ミルクティーの底に沈んでいる紅茶の葉の中に潜んでいる」(RAR: 25)。この豊穣で長い比喩によってホールが前景化しているのは、「イングランド人の歴史の内側にある外部の歴史」と彼が呼ぶものである。「この外部の歴史のないところにイングランドの歴史もない」(OAN: 49)。紅茶と砂糖は南アジアとカリブ諸島の植民地農園からそれぞれイギリスへと輸入された。それら自体が奴隷制、征服、植民地化の重荷を背負い、それらのおかげでイギリスが支配的で裕福な帝国主義大国にのし上がることができた商品であった。イギリス経済のみならず、いまや「国民的」慣習となっているお茶などの文化までも、このような内側をひっくり返すような歴史的視点によれば、単にイギリス内部から生み出されたものではないのである。

ホールはさらに、戦後イギリスの人種差別はこのような(内在する)海外の歴史を故意に否定することから始まっていると述べている。内部にあるものを外部に押しやることによって、この人種差別は「私たち」と「彼ら」、「自己」と「他者」、「内」と「外」という一連の二項対立図式を刷り込んできた。ホールによれば人種差別は、植民地史の転移によって起こる「根源的な歴史的忘却を通じて、……ある種の歴史的記憶喪失、強烈な精神的抑圧を通じて作用する」(RAR: 25)。しかし、イギリスの帝国主義的過去だけで連合王国における戦後の黒人の定住をきっかけとする国内の人種差別の特徴を十分に説明できるわけではない。「人種差別と反動」が議論する争点の一つは、人種差別は自然に起きる普遍的なものではなく、むしろ文化的歴史的に特徴づけられ、その形式は単一ではなく複数だということだ。この点についてホールは、一九四〇年代以降のイギリス社会と人種差別についてさらに個別的な分析を展開している。ホールが言う「イギリス風ミルクティー」の砂糖と茶葉は、帝国の貴重な商品経済における貿易の比喩に留まらず、(砂糖のように)カリブ地域から、(紅茶葉のように)南アジアから、戦後に輸入された安価な労働力の比喩でもあったのである。

黒人移民にとっての戦後とその時代を通じた「人種関係」の悪化を整理しながら、「人種差別と反動」は労働力不足の事態を描き出す。それによってイギリスは一九四八年の国籍法によって当時の植民地やかつての植民地に門戸を開くことを余儀なくされた。ホールによればこうした門戸開放は、一九五〇年代の好景気によって「促進」され、黒人と白人の同化をめぐる一抹の楽観主義を生み出した。しかし一九五八年、相当数の黒人居住者が住んでいた白人の労働者階級地区であるノッティングヒルで起きた人種暴動を通じて、「国産の」人種差別が顕在化されたのだ。暴動を「成熟した［ホールの強調］社会ならば無しで済ますことのできるような我々の社会行動の水際」とひとまとめに同一視し、他の反社会的な若者文化の形態に関連づけた「タイムズ」紙の社説を、ホールは引用している(RAR: 28)。ホールによれば、ノッティングヒルの暴動がメディアの注目を相当引きつけた理由には、暴動が(テディ・ボーイズなどの)白人の若者たちをも刺激し、それゆえ若者と人種についてのそれ以前のモラル・パニックを凝集したものであったことも挙げられるのである。

一九六〇年代の人種差別はイギリス社会のさらに倒錯した制度化された側面を暴き始めた。一九六二、六八、七一年にはそれぞれ黒人定住者の増加を防ぐという特定の目的のために一連の移民法が導入された。人種的非寛容の盛り上がりはこの十年の間にポピュラー・カルチャーの水準にも達し、イノック・パウエルによる反移民的な演説においてその絶頂期を迎えた。

ホールによれば、パウエル主義が表象するのは人種に対する反応にとどまらず、一九六八年の出来事に続くより広範な恐怖と予兆の感覚を分節化するものであった。一九六八年とは、学生反乱、ヴェトナム戦争反対運動、合衆国における戦闘的黒人運動の勃興の年である。パウエルが「内なる敵」と呼んだものは、黒人移民を直接名指ししているのではなかった。それは一九六八年の後に社会秩序と権威が直面していたもっと倒錯的で被害妄想的な危機の感覚を表現していたのである。にもかかわらずこの危機は「人種を通じてテーマ化された。人種はイギリス人たちが迫り来る危機を生き抜き、それを理解し、そしてそれに対処するために引き寄せられるプリズムなのである」（RAR: 30）。一九七〇年代までには不景気が押し寄せ、イギリスの黒人コミュニティは法外な失業率に苛まれ、イギリス黒人の若者たちは不当なほど仕事の機会を失っていた。さらにはパウエル主義によって創出された一般的な危機の感覚に対する大衆からの要請として現れた法と秩序の社会によって、黒人は危機を取り締まる手段として導入されたストップ・アンド・サーチ〔犯罪防止の名の下に令状なしで職務質問・所持品検査などを行うこと。歩行者のみならず車を運転中の黒人が多く標的にされた〕の標的と化し、国家の手で次第に犯罪人として扱われることになった。白人による人種差別のこのような高まりと同時に、当初は積極的に「適応」しようとしていたが、一九六〇年代後半から七〇年代に次第に政治化され組織化された抵抗の共同体と化した黒人居住者たちの中に芽生えたムードの変化にも、ホールは着目している。

ホールによるイギリスの人種差別とモラル・パニックの歴史のおかげで、本章で検討しているマギングのような事件が、一九七〇年代の初めにどのようにこれほどの重要性を持つに至ったかを説明することができる。ホールによる記述は、黒人たちが一九七〇年代の始めにマギングに走った広範で構造的な理由があるかもしれないと示唆している（例えば失業や政治的抵抗の形態として）。また一九

POWELL AND POWELLISM

パウエルとパウエル主義

パウエル主義とは右翼政治家イノック・パウエル（一九一二—九八）から取られた名前だが、単に彼の思想のことを指すだけではないことを理解せねばならない。パウエル主義とは結果的に「サッチャリズム」（第五章参照）というより「許容可能」な形へと収斂していく、一九六〇年代後期と七〇年代における支配的なイデオロギー勢力をより広範に意味している。パウエルという男が主流政党政治にとってあまりにも極端すぎるとみなされていたとしても、例えば一九六八年と七一年の移民法に見られるように、彼の立場は保守党にも労働党にも繰り返し取り入れられてきた。ホールにとってパウエル主義は、「イギリスの政治文化の中枢にある「公的な」人種差別政策の形成」を表している（RAR: 30）。「血の河」（一九六八）などの有名な演説の中でパウエルは、黒人移民と差し迫る無秩序との直接の因果関係を説いている。『取り締まる』の中でホールたちはマギングについて書いているのだが、「それはイギリスの大都市の人口構成に見られる変化に結び付けられた犯罪現象なのである」（*PTC*: 327）。ホールにとって重要なのは、パウエル主義が「人種差別」に留まらないということである。一九六八年以降の権威の危機がいかにして人種の心象の周りに凝集されたかが問題なのだ。

七〇年代の初めにモラル・パニックの現場で突如として現れたマギングが、なぜその特定の時期にある種の水準の不安を掻き立てたのかについても示唆している（例えば景気後退、パウエル主義、草の根人種差別の出現、合衆国の危機が連合王国に達するのではないかという感覚などである）。ホールによると、モラル・パニックは人種差別のイデオロギー形式となる。

それ〔モラル・パニック〕は、恐怖や不安の源である現実の問題や状況を明らかにするのではなく、それらを特定化された社会集団に投影し転移することによって、そうした恐怖や不安に対処する。つまりモラル・パニックは、現実に基盤がある大衆の恐怖や不安を結晶化し、それらに単純で具体的で特定可能な社会的対象を提供することによって、そうした恐怖や不安を解決しようとするのである。（RAR: 33）

ホールによればそれが若者であれ人種であれ、または両者の凝集されたイメージであれ、モラル・パニックのシニフィアンは危機の「現実の」原因ではなく、より深刻な内在的問題の外在化された徴候なのである。劣悪な心理学者のように、（政府のような）権威的位置にあるものが（マギングのような）徴候を生み出した根底にある状況ではなく徴候そのものを「治療」しようとするとき、その治癒はよくても一時的なものになる。最悪の場合（モラル・パニックが進行するように）状況は膿んで悪化する。

したがって、もしフォーク・デヴィルズのモラル・パニックが危機の原因ではなく単にその「シニフィアン」でありその「担い手」であるならば、それらが隠している「現実の問題」とは何か、とホールは問う。「モラル・パニック」という言葉はフォーク・デヴィルズがどのようにこれほどまでに時代の強力な記号となったかは説明してくれるが、なぜそうなったかを理解する手立てとはならない。モラル・パニックが表象している実際の不安とはいったい何か？　そして特定の歴史的時点でモラル・パニックが果たしている目的や機能とはなんなのだろうか？

これらの疑問に答えるために『抵抗』と『取り締まる』はともに、モラル・パニックという用語にそれまで付きまとっていた方法論的アプローチを発展させ、乗り越えなければならなかった。そうしたアプローチとは伝統的な逸脱の社会学理論の範囲で用いられていた交流分析やラベリング論として知られていたものである（モラル・パニックの「ラベル」としてのフォーク・デヴィルズ、というように）。ホールたちは交流分析アプローチを評価していた。なぜならそれはマギングのようなことはただ単に起きるのではないということを認識しているからである。マギングはただ自発的に起きる出来事ではない。それは例えばメディアの中でラベルを貼られ意味づけされる、文化的に構築された過程である。同時にホールたちは、どのように大衆がそれに反応しラベル付けをするかということだけではマギングを説明できないとも言っている。なぜならマギングには「現実という基礎」があるからである。ここでホールたちはコーヘンのモラル・パニック論を交流分析から離脱させることを試み、それと彼らが「構造的」とか歴史的と呼ぶアプローチとを融合させようとする。『抵抗』と『取り締まる』によれば、モラル・パニックは常に現前する、したがって非歴史的な「メディアの純粋な構築物」ではない。それは階級編成における歴史的移行やイデオロギー、ヘゲモニーなどを含む、より大きな構造的力として説明されなければならないのだ。このように認識することによって、ホールたちが合意と同意の文化と呼ぶものから危機と強制の文化への動きという観点から、『抵抗』と『取り締まる』における戦後イギリス政治の独特な解読が可能になる。

合意から危機へ

『抵抗』と『取り締まる』の中でホールたちは、戦後初期の時代のイデオロギーを支えていた常識のカテゴリーを三つに分けて整理している。

1　豊かさ――戦後景気と「十代消費者」の誕生。

2　合意――福祉国家のように政党や有権者に広く共有されていた社会構成に関する「同意」。「システムにおける共通の利害」（*RTR*: 21）を提供することによって階級を交差してイギリス社会を一体化させることが目指された。

3　ブルジョワ化――労働者階級の融解と中産階級的価値を中心としたイギリス社会の再統一。

このような三つの用語を用いてホールたちが描き出そうとしたのは、戦後の好景気には「現実的基盤」があった一方で、それは多くの論者がそうであったと述べるような無階級社会を生み出したわけではなかったということだ。これは社会的不平等は資本制の本質的特色でありその潤滑な運営のために不可欠であって、治療しうるようなものではないという認識に基づいた議論である。資本制において収益を上げるためには、少数者の利得を多数者の搾取によって生み出す以外手はないという考え方である。第一章で取り上げたホールのニュー・レフト時代の論考（「無階級の感覚」）では、無階級性とは事実そのものではなくイデオロギー的感覚として理解されている。豊かさ、合意、ブルジョワ化は決してどこからともなく呼び出されたのではない。福祉国家とは合意政治の内部での社会改良の一片であることは疑いない。それらはまたイデオロギー的なカテゴリーでもある。合意政治は階級差がまだしっかり残っている中で、それが克服されたと仮想していた。『取り締まる』によれば、「伝統主義的合意」は、体面、仕事、規律、家族、法、イギリス人らしさなどの関連しあうテーマやイメージを中心に体系化されていた。このような合意のイメージは合意の「有機的要素」を構成し、社会を「凝固」させる役割を果たした。前章からわかるように、合意はそれ自体を自然なもの、民衆の「本音」として提示する。しかし実のところ従属文化による支配秩序への同意にすぎないのである。

こうしたホールたちの論点すべてによって、戦後の変容に関する彼らの読解がグラムシの「ヘゲモニー」論に拠っていることがわかるかもしれない。豊かさといった用語は無垢で記述的な言葉では決してなく、「自発的同意」を生み出すことによってヘゲモニー的な支配を安定させ、労働者階級の抵抗を崩壊させるために用いられるイデオロギー的なカテゴリーなのである。戦後初期にヘゲモニーが打ち立てられた際にその基盤となっていた豊かさ、合意、ブルジョワ化のイデオロギー的な神話が、失業が増加し始め、賃金は据え置かれ、一九六〇年代のカウンター・カルチャーを通じて合意という価値が目に見えて意味を失いかけていた一九六〇年代、七〇年代になると暴露されたのである。支配階級はもはや同意によっては指導できない。それは強制という力による指導によってより直接に権威を維持しなければならなかった。ヘゲモニー的同意から強制への戦後社会の転換は、ヘゲモニーの「危機」と、『抵抗』と『取り締まる』で描かれている「法と秩序」の社会の誕生を理解するうえで欠かせないものである。

戦後期の問題に関するホールたちの読みは、人種と若者のサブカルチャーやそれらにつきまとう「逸脱」の儀礼がモラル・パニックの源泉であり、権威の危機の起源であるという考え方である。それとは反対に、モラル・パニックというラベル付けは、現状のヘゲモニーを維持する、不可欠ではなくとも便利な手段だと反論することもできるかもしれない。なぜならそれは「「権威」を支持する階級横断的な連帯に……その基盤を提供する」からである（*PTC*: 177）。これは国家が「危機」の段階に突入した時にこそ最もあてはまると、ホールたちは言う。『危機を取り締まる』の第三部は、イギリス国家と戦後期にかけてのその変容を注意深く歴史化した分析を提供している。乱暴に言ってしまえば、この変容は主に「同意」によって支配していた戦後初期の「成功した」国家ヘゲモニーから、ヘゲモニーの危機、同意の「疲弊」、リーダーシップのより「権威主義的」形式への移行を目の当たりにする一九七〇年代への転換点なのである。このような文脈の中でこそ、警察、司法、メディアによるマギングへの過剰反応の背後にある理由が意味を持ち始めるのである。国家へゲモニーの崩壊という文脈で見ると、マギングは「フォーク・デヴィルズ」のような他者に投影しておけば済むような何かイギリス社会にとって外在的な孤立した出来事ではなく、「今かき回している砂糖」そのものなのである。それはイギリス社会に内在する危機の徴候なのだ。それだけではない。マギングは権威主義的対応を正統化し一般に支持を得ながら、そのような危機を取り締まる手段を提供しているのである。

> 「モラル・パニック」とはイデオロギー的意識の原理的形式の一つではないだろうか。それによって「静かなる多数派」が国家の側で次第に強制的になる手段への支持に動員され、「普通以上の」統制執行力に正統性を与えることになる。(*PTC*: 221)

ホールたちが示唆するように、同意から強制への移行は経済危機の深刻化、増加する失業、一九七〇年代に最底辺に行きついた不景気によって決定されている部分もある。マルクスとアルチュセールやグラムシといったマルクス主義者の理論を使いながら、ホールたちが明らかにしたのは次のことだ。マギングを取り巻く危機は原則的に「イギリス資本主義の、またイギリス資本主義にとっての危機であること。急激に変化する状況の中でそれ自体を極めて脆弱でポスト帝国主義的な経済に基づいて安定させようと試みている、先進資本主義国に特徴的な危機であること」（*PTC*: 317）。『抵抗』と『取り締まる』の中でそれぞれサブカルチャーのスタイルやマギングの個別の研究として始まったものが、ホールが後に「サッチャリズム」や「ニュー・タイムス」に関する著作で取り上げるような（第六章を参照）、さらに大きな政治的プロジェクトの一部となったのである。

『抵抗』と『取り締まる』における戦後イギリス政治の移行に関する構造的説明が明らかにしたのは、ヘゲモニーは単に与えられるのではなく、継続的な闘争の現場だということである。これは決定的に重要だ。「ヘゲモニーは勝ち取られ、貢献され、再生産され、維持されねばならない」（*RTR*: 40）。支配文化と従属文化の関係は一度決定されたらそれで終わりではなく、抵抗、協働、折衝の継続的過程に基づいている。本章の残りの部分では、『抵抗』と『取り締まる』の中で探求されているようなこうした抵抗と闘争の過程について考察しよう。

『儀礼による抵抗』——「革命」と「儀礼」による抵抗

『儀礼による抵抗』は若者のサブカルチャーに関する多種多様な論考を集めている。その主眼はしばしば言われているような白人労働者階級におかれているが、実際はそれだけではなく中産階級、黒人、女性に関するものも含まれている。本章では、ホールも筆を取っている長く理論的な序章「サブカルチャー、文化、階級」に焦点を当てたい。『抵抗』出版当時の一九七六年、若者サブカルチャーの特徴はすでに検討したような豊かさ、合意、ブルジョワ化という視点から説明されていた。例えば若者は新たな水準の豊かさ、十代消費者の誕生、一九五〇年代の商業テレビ放映の開始といったマス・コミュニケーションとの関連で読解されていた。そのような説明には、若者はこうした変化の過程に単に模倣的で受動的な関係しか持たないという感覚があった。ホールたちの著作で抵抗という言葉が前景化されていることからわかるように、『儀礼による抵抗』はこのような視点からの大きな離脱を現していたのである。

ヘゲモニーを保証済みのものではなく継続的な闘争の現場とするホールたちのグラムシ的な理解が

SUBCULTURE

サブカルチャー

現代文化研究ではしばしば漠然と定義されているが、『抵抗』の中でサブカルチャーは極めて精確で注意深く確定された意味を持っていた。この著作はこの言葉を関係性という視点から二重に分節化している。一方では「親文化」との、他方では「支配文化」との関係である。親文化とは文字通りに家族を指すのではなく、若者が自分たちを見出す階級文化を意味している。例えばヒッピーの親文化は中産階級だが、他方でスキンヘッドは労働者階級である。サブカルチャーはある親文化の内部の規模の小さい特徴的な（二次的）集団だが、同時にその親文化の一部でもある。親文化と支配ブロックによる支配文化双方への若者の二重の分節化は、ホールたちにとって決定的な特徴である。それは、『抵抗』が定位しようとしているサブカルチャーの政治と権力関係を無視する読み方により、メディアによって本質的に無階級として常識的に構築される若者像に対抗しているからである。

示唆するのは、抵抗が若者サブカルチャーの中で重要な役割を果たしている、また果たさねばならないということである。しかし『儀礼による抵抗』によれば、ヘゲモニーによって抵抗の考え方も修正されねばならない。抵抗とは単に、コントロールを握るために団結し決起することでさらなる献身と連帯を見せる労働者階級ということではない。このような労働者階級闘争の革命的なイメージは、抵抗様式の一つでしかない。つまりグラムシが「機動戦」と呼んだものだ。それは支配文化と従属文化を分ける固定された権力構造が完全に転倒してしまうということである。しかしもしもグラムシのヘゲモニーが示すように、そのような権力関係は決して固定されず確証されもしないとしたら、継続的な折衝と闘争に基盤をおく新たな形態の抵抗を見つけることが必要となる。それがグラムシが「陣地戦」と呼ぶものである。伝統的なマルクス主義批評家のごとく革命的抵抗を見つけ出し、それ以外のすべてを「協働性」へと結び付けてしまうのではなく、ホールたちは次のように論じる。

> 私たちは〔伝統的マルクス主義者のようにではなく〕、労働者階級はあらゆる場面での対応を準備するために、どのような条件の下でどのようにその物質的文化的「原材料」を用いることができるのかを理解しなければならない。中には……生き残り「空間を勝ち取る」ために、階級闘争の中で大量の知と権力を備蓄するものもいるだろう。労働者階級の歴史の中に幾度も繰り返し現れてきたものごとでさえ、改良か革命かといった固定化された代替策ではなく、その闘争の歴史の中で極めて異なる環境に用いられかつ適用された潜在的な歴史的「空間」なのである。
> （*RTR*: 45）

拒絶や転覆によって機能しがちな革命的抵抗とは異なり、儀礼による抵抗は利用と応用に関連している。このような抵抗の形態は直接的な転倒という意味で階級を「革命化」することはないだろう。それらは潜在的形態であり、「あるものではなく起こすもの」だからである（*RTR*: 44）。素材と空間がいかにして作られ、使われ、応用されるかという行に力点を置くことによって、ある特定の文化活動の形式が示唆されている。それはブリコラージュである。

特定のスタイルの応用や適用、（若者が集まり儀礼が演じられる街角や空き地といった地域的で隣近所的な領土としての）空間、そして（パンクの安全ピンやスキンヘッドのドクター・マーティンズのブーツなどの）対象物によって、集合的な集団意識が形成される。このようなブリコラージュの事例は階級差を克服するのではなく、それと折衝する手段となっている。労働者階級のテディ・ボーイズが上流階級のエドワード朝的なドレス・コードを「借りる」ことで一九五〇年代初頭のサヴィル・ロウ〔ロンドン中心部にある仕立て屋が多く立ち並ぶ通りの名。日本語の「背広」の語源にもなった〕は再び流行となったが、それは階級的なスタイルに属していた文化的価値への異議申し立てや拒絶の一部だった。現代の若者にも同様の過程が見られる。富、名声、成功という暗示的意味とともに、デザイナーブランドを見せびらかしたりベッカムのようなヘアスタイルにしたりすることは、最貧困のインナー・シティ出身のイギリスの若者にとって従属階級的な経験を折衝する手段なのである。

若者文化に関連する特定の対象と資料に焦点を当てながらホールたちは、ジャーナリズムは若者文化を物神化しがちであるとも述べているが、『抵抗』がより注目しているのは、そのような対象がどのように利用され、借用され、変換され、翻訳されているのかということである。若者サブカルチャーとして想起される物事がスタイルを作り上げるのではない。その対象がどのように着こなされるかという「スタイル化の活動」こそがスタイルを作り出す（*RTR*: 54）。スタイル化を通じて物事は支配的な意味から脱分節化され、新しい条件に再分節化されるのである。そうした装いの労働者階級出身のモッズたちによる奪用が示すように、スーツの階級的な暗示的意味はそのスーツ自体にはめ込まれているわけではない。物事の「既存の」自然な利用法はこのような過程によって転覆され変換される。一見子供時代という無垢な暗示的意味のある安全ピンは、パンクのピアスやピチピチの服という文脈に置かれると、全く違う意味を持つようになる。もちろんこの過程には二つの方向性が伴っている。まず、「美」の慣習的なコードを拒絶することで生み出されたパンクの転覆的なスタイルは、一九七〇年代以降ファッション産業に再奪用されてしまった。またパンクの「そっけない」スタイルはいまや、キャットウォーク・モデルたちに着飾られるものになった。

ここでのホールたちの議論が構造主義とスタイルの記号論に触発されているのは明らかだ。「商品はまた、文化的記号である。商品はすでに支配文化によって意味と、連想と、社会的な暗示で満たされてしまっている」（*RTR*: 55）。ここで重要なのは、誇張、孤立、結合、そして修正によって、このような記号はどのように再び意味を持たされるのか、そしてそれらは何を反映するのかということだ。このようなサブカルチャーによって取り上げられたあれやこれやの借り物から、破壊的なスタイルが可能になるのである。

BRICOLAGE

ブリコラージュ

クロード・レヴィ＝ストロースによって用いられた、どのように「未開」社会がその周囲の日常世界に対応し、それを再構成しているのかを示す言葉。ブリコラージュは私たちが扱わねばならない素材を獲得して、新しい意味を創出するために即興によって対象を適用し組み合わせることで、それらの素材を代替的に利用するということである。その著書『サブカルチャー――スタイルの意味するもの』（一九七九）の中でディック・ヘブディジは、サブカルチャーの担い手である若者をある種のブリコラージュを行うものとみなしている。例えばモッズに触れながらヘブディジは、「かつては超上品な交通手段だったスクーターがいかにして集団的連帯の脅威的な象徴となったのか」について書いている（Hebdige 1979: 104）。若者によるブリコラージュのもっと一般的な例としては、生徒たちによって制服がどのように着こなされているかを見ればよいだろう。制服はともかくも制度的帰属、画一性、規則への服従、規律と権威を具現するとされているが、タック無しのシャツや外しっ放しのボタン、「決められた」衣服は普段着やアクセサリーに組み合わされ、ピアスが見え、長髪に短いスカートをはくなど、そのような規則を象徴的に破り、画一性に異議を申し立てるようなやり方で、制服は儀礼的に応用されている。

スタイル――サブカルチャー的解決？

革命的抵抗と同じように、儀礼的抵抗もまた階級闘争の一可能形態とみなされる。しかし儀礼的抵抗に関するホールたちの説明は、何人かの批判者たちの指摘とは異なり、決してユートピア的でも賞賛に満ちたものでもない。儀礼的抵抗は階級の「解決」ではなく継続的な折衝過程であり続けているからである。それによって失業、低賃金、教育の不平等などの争点を解決できるわけではない。したがってそれはまた「失敗を運命付けられた」象徴的闘争なのである（*RTR*: 47）。サブカルチャー的なスタイルと儀式は、従属階級の経験を折衝しそれを生きるために用いられるにすぎない。それは何も解決しないし、想像的な方法以外の解決策を提供もしない。ここでホールたちが用いるグラムシのヘゲモニーは、現実の存在条件に対する「想像的関係」というアルチュセールのイデオロギー概念と結合する。階級に対するサブカルチャー的解決は、具体的な現実ではなく「希望」や「ノスタルジア」だということなのだ。例えばスキンヘッドのノスタルジアについてホールたちは次のように述べている。

こうして労働者階級の着こなしという典型的で「象徴的」な……形式の復活や、サッカーの試合や「ゴール裏」を「占拠」するといった転移された目的を通じて、スキンヘッドたちは、もはやほとんどの労働者階級の大人たちが親しんではいないような……［親文化である］階級の価値を

「想像的に」再び主張するのである。彼らスキンヘッドは、サッカー当局や観客が急速に破壊している領土や地域の感覚を再び提供する。商業化され、専門化され、見世物化されているゲームは、まだしっかり生きていると「宣言」するのである。（*RTR*: 48）

アルチュセールを参照しているフィル・コーヘン（Cohen, P. 1972）を引きながら、ホールたちは若者サブカルチャーが、現実の存在条件に対する想像的関係を通じて、（目くらまし的な方法で）「魔法のように」その現実的存在条件を解決していると考えているのである（第二章、79―81頁を参照）。

『危機を取り締まる』――暴力と黒人の「植民地」

政治的にも知的にも、『危機を取り締まる』は「介入」の精神で書かれており（*PTC*: x）、そのように読んでもらいたいと願われている。それは一九七三年のハンズワース事件の容疑者である若者たちへの厳しい判決に対する、著者たちの怒りの意識から生まれたものだ。この著書の大部分はマギングのような犯罪への過剰な反応の説明に割かれているが、『取り締まる』の最終部はマギング自体の政治の考察に向けられている。マギングという行為を不景気に際して最も「痛手を受けた」コミュニティである（*PTC*: 331）、イギリスの黒人労働者階級コミュニティ内部の深刻化する経済危機に文脈付けながら、ホールたちは『抵抗』の中で取り上げられた抵抗という論点に暫定的に立ち戻っていく。

経済的衰退に際して危機を取り締まることが黒人を取り締まることと同義になったのは偶然ではない。黒人は高まる失業率（「やつらが仕事を盗んだんだ」）と増加する経済的負担（「やつらは国にこそ泥を働いている」）の原因であるというのは、人種差別の常識的論理である。同時に、経済的衰退のせいで黒人犯罪は増加した。それはまさに最低賃金の黒人コミュニティとともに、ある種の犯罪を代替的な生き残り方として生み出したのだから。ホールたちによれば、組織化された人種差別は、ただ単に黒人コミュニティを彼らが「従属性の構造」の救いがたい犠牲者と呼ぶものとして社会の最底辺に置くだけではない。このような人種差別によってこのコミュニティは、自らの人種と階級という点での「意識を持つ」に至り、それによって抵抗と闘争の戦略を展開していくのである。ホールたちは、黒人の若者を白人労働者階級と、ホールがすでにイギリス風ミルクティーの砂糖という隠喩でたとえていた位置としての、カリブからの植民地的労働力のより広範な歴史の一部分とに二重に定位された「階級分派」として検証する（*PTC*: 389）。イギリス黒人の従属的地位に対するいかなる政治的対応も、このような歴史と複雑な相互関係に着目しなければならない。このようにマギングは単に経済的衰退の徴候ではなく、人種差別への反動として読めるかもしれないのだ。

犯罪を黒人労働者階級の従属性の問題への解決策だと声高に叫ぶのではなく、どん底状態の失業中の黒人の若者によって白人の犠牲者に対して行われている盗み、スリ、ひったくり、暴力的な押し込み強盗などの行為が、いつ終わるともない疎外の経験をどのように声にならない、転移さ

れた表現で表そうとしているのかを理解するには、それほど時間はかからないだろう。(PTC: 391)

ここで黒人の犯罪行為が「転移された表現」と書かれていることに注目して欲しい。まさに人種差別が無意識に作用するように、マギングをした人々に対しても同じことが言えるのである。『取り締まる』は路上強盗を人種差別と資本主義の悪行を暴こうとするある種の人種化されたロビン・フッドとして、ロマンティクに読み取るようなことはしない。にもかかわらずマギングはある種の政治的無意識を、人種差別と危機の抑圧された状況の回帰を表しているかもしれないと、ホールたちは言う。

FANON

フランツ・ファノン(一九二五—六一)

カリブ生まれのフランツ・ファノンは第二次世界大戦で戦う志願兵としてヨーロッパにやってきた。フランスで精神医療を学んだ後、彼は当時フランス植民地であったアルジェリアに赴くが、そこで彼は植民地体制の残酷さを目の当たりにし、抑圧されたものたちとともに戦うために抑圧するものたちのもとを去る。彼はアルジェリアの独立を見ずに他界したが、多くの人は彼をポストコロニアルな抵抗運動の父とみなしている。こうした世評は独立運動前後に記された『黒い皮膚、白い仮面』(一九五二)や『地に呪われたるもの』(一九六一)といった彼の著作によるものだ。ファノンといえば最も頻繁に想起される抵抗形態が、暴力である。これは彼が『地に呪われたるもの』で展開した立場である(冒頭の「暴力について」を参照)。「脱植民地化は常に暴力的現象である」とファノンは言う。それは植民地化によって分断された抑圧されしものたちの様々な部分を統一し、尊厳と自尊心を回復する手段なのである。

このような読み方の文脈で浮上してくる「暴力」の問題は極めて重要で、それは『取り締まる』の中でアルジェリア独立の革命的思想家フランツ・ファノンを想起させるのだ。

ファノンを引用しながらホールたちはこう記す。暴力は社会実践であり、「植民地化されたものたちを「一つにまとめあげる」だけではなく、個人の水準では劣等感と絶望感や無力感から現地人たちを解放する」（PTC: 384）。このような暴力観がマギングの解釈に与える潜在力は明らかだが、『取り締まる』の中ではそれ以上の進展は見られない。暴力はまた最終的には退化であり退行であると、ホールたちはみなしている。それが白人労働者階級に向けられる時、資本主義の下ですでに困難に喘いでいる者たちを搾取することになるからである（ハンズワースの犠牲者は季節労働者であった）。マギングを極めて複雑で両義的な出来事として理解することで、ホールたちはそれを抵抗の英雄的な形態として理想化も賞賛もしない。例えばある側面では、労働の積極的拒絶という意味で「擬似政治意識」（PTC: 391）の符牒として読解できるだろう。しかし他方で認識されねばならないのは、一九七〇年代後半、若い黒人の中途退学者にとって拒否できるような仕事はほとんど残されていなかったということだ（PTC: 391）。『取り締まる』はそれが描き出した窮状に解決策は与えない。マギングは答えではない。それはせいぜい、「自らが担い手となっている矛盾の構造に見合うような黒人の政治闘争形態の必要性」を示唆するに留まっている（PTC: 393）。『取り締まる』はおそらく、サッチャリズムとパウエル主義に見られるその源流についての早期的診断として最も頻繁に思い起こされるだろうが、マギングを原初的な政治の編成物として示唆的に読み解いたことにも同じような先見の明があるといえる。

出版から三年後にブリクストンから始まった長きにわたる「人種暴動」は、ある意味で路上における暴力闘争のより組織化された集合的で安定した形態の出現だったからである。

まとめ

第二章で私たちは、戦後の好景気が一九五〇年代の労働者階級文化に与えた影響についてのニュー・レフト的な探求を考察した。『儀礼による抵抗』と『危機を取り締まる』は、この分析を次の二十年間に現れた白人と黒人の労働者階級の若者サブカルチャーについて、より詳細な説明へと展開させた。両者はともに戦後イギリス文化の交流分析的かつ構造的読解を組み合わせた、同じ方法論的アプローチを採用している。交流分析アプローチにより若者と人種はフォーク・デヴィルズというモラル・パニックの文脈で読解される。構造的アプローチにより同意の文化から強制の文化へという戦後期の移行を歴史的に分析できる。このような二つのアプローチが組み合わさり、若者サブカルチャーやマギングをめぐる個々ばらばらなモラル・パニックが、実はイギリス社会の内部にある、同じ、より深刻な継続的危機の転移された隠喩であることが明らかになった。最後に本章が考察したのは、白人と黒人の若者からなるサブカルチャー集団がこのような危機にどのように対応したのかを探求するために、ホールたちが抵抗という概念を再考したことである。抵抗とは危機への魔法の解決策ではなく、それと折衝するための原初的な政治的手段なのだ。

第五章　サッチャリズムと「ニュー・タイムス」

『危機を取り締まる』の出版から一年後の一九七九年、保守党党首マーガレット・サッチャーが首相の座についた。この本で確信をもって描き出されていた資本主義の危機とそれがもたらした合意の文化から権威主義的「法と秩序」の社会への移行は、彼女の総選挙での勝利に続く「鉄の時代」の中で次第に信憑性を帯び始めていた。一九七九年から一九八三年までの第一次サッチャー政権時代、イギリスのGNP（国民総生産）は四・二パーセント、工業生産は一〇パーセント、製造業生産は一七パーセントそれぞれ下落した。同じ時期、失業率は一四一パーセントまで記録的に上昇し、失業者は三百万人に達した。一九八六年と第二次サッチャー政権（一九八三―八七）の終焉までには、産業革命以来初めてイギリスは輸入超過の国となっていた。にもかかわらず保守党は三期続けての政権を確保し、サッチャーを戦後最も人気のある政治指導者の一人にまで押し上げた。一九七九年から一九九〇年にわたるサッチャー政権の統計とこれほどまで長期にわたる人気の間にある不可思議な乖離を、私たちはどのように説明できるだろうか？

一九八七年のサッチャーによる三回目の勝利の直後に書かれた論考の中で、ホールはこの問題について次のような解答を提示している。

私が見るところ、人々はその実績を信じているからサッチャーに投票しているわけではない。人びとは本当のところ、イギリスがいまや素晴らしく繁栄して経済的に成功しているなどとは思っていない。三百七十五万人が失業し経済は行き詰まっているのに、誰がそんなことを信じるだろう。……イデオロギーとしてのサッチャリズムは、国民の恐れ、不安、失われたアイデンティティに訴えかけている。政治についてイメージの中で考えるよう誘っているのだ。それは私たちの集合的ファンタジーに、想像の共同体としてのイギリスに、社会的想像界に訴えかけるのである。サッチャー夫人がその種の語法を完璧に会得していたのに対し、左翼は惨めなほど「私たちの政策」にばかりこだわろうとしていたのである。（GAS: 167）

サッチャー政権に関してその経済政策にばかり着目するそれまでの説明とは異なり、ホールは保守党はイメージの水準でこそ一九八〇年代を通じて勝利を収めてきたのだと述べている。政策ではなく心象こそが「サッチャリズム」とその政治的成功を最も特徴付けているとホールは考えているのである。これは、政党イメージが全てである今日のスピン・ドクター〔情報メディアを駆使して政敵のネガティヴ・キャンペーン等の政治戦略を計画・実施すること〕や政治的PRによるメディア支配の文化の中ではまったく当たり前のように思えるかもしれない。しかしマーガレット・サッチャーが政権に就いた時、彼女の最大の政治的対抗馬は、一九八一年テレビ番組のキャラクターである案山子のワーゼル・グミッジ〔一九三〇年代イギリスの作家バーバラ・ユーファン・トッドが出版した絵本の主人公の案山子。一九七九年にテレビ化され子供たちに人気だった〕に模されて新聞各紙にからかわれた男、労働党党首マイケル・フットだったのである。さらにホールがここで考えているイメージとは、単なる見せかけではなく、イデオロギー的表象である。

サッチャリズムとは、サッチャー政権に関わるが必ずしもそれに限られはしない有力な文化的イデオロギー的力を具体化するためにホールが作り出した、彼自身が「怪しい特徴づけ」と自嘲気味に語った用語である。一九七〇年代後半から八〇年代にかけて、ホールはサッチャリズムへの飽くことない批判にその知的エネルギーを注ぎこんだ。その声はまず「マルキシズム・トゥデー」や「ザ・ニュー・ソーシャリスト」などの社会主義月刊誌に続けて発表され、その後『サッチャリズムの政治』（一九八三）と『刷新への困難な道のり』（一九八八）という二冊の本にまとめられた。本章では、ホールが「戦後イギリスの政治的文化的生活における歴史的転換点」とみなす（*HRR*: 1）、十年以上にわたるサッチャリズムに関わる議論へのホールの貢献をまとめてみよう。

ホールは一連の論考の中で何がサッチャリズムを成功させたのかということだけに注目しているわ

けではない。彼の最終的な目的は、どのような状況がサッチャリズムを誕生させ、そのような条件から左翼が何を学ぶことができるかをはっきりさせることだった。ホールによると、三回にわたる選挙での勝利にもかかわらず、サッチャリズムは資本主義と文化のグローバルな変化の必然的な帰結ではなく、それへの右翼による特殊な反応だった。サッチャリズムは成功した。しかしそれは、すでに見た統計結果が示すように不器用にではあったが、サッチャリズムがこのような変化の何かをつかんでいたからである。その一方で左翼は、ただそうした変化に背を向けていただけなのだ。一九八八年一〇月、ホールは「ニュー・タイムス」という名目の下に多くの左翼知識人たちを巻き込みながら論争含みのプロジェクトを立ち上げた。ニュー・タイムスは資本主義の歴史的変化に直面している左翼に対して、代替的な政治的争点を提案するために、それまでのホールのサッチャリズム批判に基づきながらもそれを乗り越えることを目指していた。本章の第二部では、ポスト・フォーディズム、ポストモダニズム、そしてその特徴である主体性についての重要な論争（以下に説明する）に着目しながら、ニュー・タイムスについて考察する。

サッチャリズム

もし、ホールが言うように、サッチャリズムの成功が私たちに政治をイメージで考えさせるその力による部分があったとすれば、フォークランド戦争（一九八二―八三）こそその象徴的な達成の絶頂だったはずだ。彼女が政権についてから最初の三年間で、このイギリス首相はイギリス経済の見通しを好転させ、その約束どおりに不景気を克服することができないでいた。その当時国民だけではなく閣僚の中でも彼女への忠誠心は不安定なままだった。しかし一九八二年、状況は劇的に変化した。サッチャー政権はフォークランド諸島の主権を守るという名目で、イギリスをアルゼンチンとの戦争へと導いたのだ。経済的な面に限れば、この戦争は決して賢い政治的判断には見えなかった。先ほど見た統計からすれば、この国がとても払いきれるものではない三兆ポンドもの費用がかかったのだから。イギリスから八千マイルも離れた南大西洋上に位置する島々自体も、戦後四面楚歌に置かれた大英帝国にとっての至宝とは言えなかった。環境的には過酷でアクセスしにくく、商業的価値もせいぜい疑わしいくらいの程度だった。

しかしサッチャリズムの観点から言うと、このように議論したところで論点は見えてはこない。フォークランド戦争はサッチャーによって経済的な意味で正統化されたわけではなく、（二〇〇三年のブッシュ－ブレアによるイラク戦争のように）道徳原則に基づくものだったのだ。このような道徳原則は一連のイメージによって分節化された。その中で過去のイギリスはホールが「歴史的再構成の高度に選別的な形式」（EBS: 71）と呼ぶものに従わなければならなかった。

偉大な人物たちの足跡をたどるとき私が感じている気後れを、あなた方は理解してくれると私［サッチャー］は信じています。……例えばウィンストン・チャーチル、イギリスの名を自由世界

の歴史の金字塔にまで押し上げた運命によって誘われた男のような人物を。（ESB: 71）

チャーチルのイメージによってサッチャーは、イギリスがかつて戦ったナチス・ドイツとの「道義的な」戦争と、それとともにこの過去の帝国の偉大さという暗示的意味を喚起した。大波を幾度も支配してきたブルドッグのような大英帝国という意味を。サッチャーがフォークランドでの作戦の基盤に置いていた帝国の懐古的な言語は、イギリスの有権者たちの間に共鳴し人気を博した。戦争前、保守党政権は世論調査で第三位の位置にあったが、戦争後は二〇パーセント以上の差でトップに躍り出たのである。

この躍進が保守党支持者とヤッピーだけのおかげだというありきたりな見解をホールは拒否する。それはまた黒人と白人の労働者階級の有権者たち、つまりサッチャリズムが最も厳しい態度で臨んでいた集団からの支持にも拠ったのである。『刷新への困難な道のり』の中でホールは、イギリスの現場労働者の半分以上がサッチャー夫人を支持したことを示す当時の数字を引用している。サッチャリズムはそれが同時に社会のフォーク・デヴィルズとして構築していたかに見える人々の合意を、どのように勝ち取ってしまったのだろうか。それは単に虚偽意識の極端なケースにしかすぎないのだろうか。これまで各章で見てきたように、ホールは支配文化が国民の目を覆ってしまうという類のトップ・ダウン式のイデオロギー論に納得していない。ホールによれば、サッチャリズムの成功は大衆を欺くための、全体化し、揺ぎ無く、一〇〇パーセント納得づくのイデオロギーのためではない。それとは反対に、ホールの探求が繰り返し暴きだしている状況とは何かといえば、それはサッチャリズムの本質的に矛盾する性格を強調することなのである。

「帝国の逆襲」（Hall 1988a [1982]）と題されたフォークランドについての論考の中で、ホールが着目するのはサッチャリズムによる戦争の時代錯誤的認識である。それはこの「核ミサイル時代」に「無敵艦隊が帰ってきたようなもの」とホールが呼ぶものである。サッチャリズムによるフォークランドの心象作用は、当時のそのイデオロギーの主眼から見れば全く一貫したものだったとホールは見ている。伝統的な（道徳的）価値、イギリス人らしさ、愛国主義、王政などである。しかし他方で、ホールはこのイデオロギーの企図をより一般的に「退行的近代化」とも呼んでいる。このような撞着によってホールが示しているのは、サッチャリズムの未来図がどのように過去への後ろ向きの懐古主義的な方向性によって基礎付けられ正統化されているかということだ。一例を挙げれば、サッチャリズムは自由市場の言説を国民性や帝国といった保守的なテーマとに結合させ分節化する。ホールが述べているように、退行的近代化とは社会をある特別に退行的な近代のヴァージョンへと「教化し」規律する意図のことだが、その作業は、同じように退行的な過去のヴァージョンを通じて社会を後ろ向きに進めることによって行われるのである（*HRR*: 2）。

ホールにとってサッチャリズムの成功は、「矛盾する言説を同じイデオロギー編成」に分節化できた点にある（*HRR*: 10）。矛盾する言説のこのような圧縮と結合の最も記憶に残る表現が、ホールが「権威主義的ポピュリズム」と名づけるものだ。

サッチャリズムのポピュリズムの権威主義的側面によって、なぜホールがそれをヘゲモニー的ではなくヘゲモニー的プロジェクトとみなしているのかが説明できる。すなわちプロジェクトである限り、ヘゲモニーを握り同意によって指導しようとするが、強制的手段に訴えざるをえなくなっているということである。

サッチャリズムの矛盾した性格を認識することでホールは、伝統的な階級的連帯それ自体が不安定で矛盾していると考えた。救われるべき一体化された労働者階級などというものはないと結論付けたのだ。伝統的左翼の中にはこの立場に批判的なものもいた。それでは「経済的現実」と「階級」という争点を破棄してしまうというのだ。一方ホールは、彼の立場は階級の破棄どころではなく、どちらかといえば伝統的な階級的連帯の崩壊を認識しているにすぎないと反論する。「つまりこういうことだ。労働者階級であるとか、本質的に常に骨の髄から「サッチャリスト」であるとか骨の髄から来るべき革命家であるとか、そういうものに依存する政治はもはや全く不十分だということだ。そんなものはもはや私たちが何を知るべきかを教えてはくれないのだ」（*HRR*: 6-7）。

ホールのこの立場は、一九五〇年代にまで遡る彼の経済決定論批判を引き継いだものである（第一章参照）。もし経済的「土台」があらゆる単純な意味で「上部構造」を決定するのだとしたら、サッチャーの下で経済的には最底辺にあった人々がなぜ彼女に投票したのだろうか。「帝国の逆襲」の中でホールは鋭い皮肉でこう切り返す。「なんと、経済決定論。三百万の失業者が一〇〇パーセント労働党に翻るだって？　気は確かか？」（ESB: 69）。

AUTHORITARIAN POPULISM

権威主義的ポピュリズム

『刷新への困難な道のり』の第一章は、『危機を取り締まる』の後ろから二番目の章からの抜粋であり、それは「右翼の新たな権威主義」とその「ポピュリスト的な」指向性を検証するものである（*HRR*: 28）。それに続く論考でホールは「権威主義的ポピュリズム」という用語を適用し、彼がサッチャリズム独特の性格の一つとみなすものを描き出そうとしている。

これはギリシャのマルクス主義知識人ニコス・プーランツァス（一九三七―八〇）が『国家、権力、社会主義』（一九七八）の中で用いた「権威主義的国家主義」を発展させ、一九七〇年代の同意の文化から強制へと向う権威主義的政治を記述するための言葉である。ホールにおいては、これはまた同意による支配という意味でのグラムシのヘゲモニー概念を発展させるためにも用いられることもある。ホールによる権威主義的ポピュリズム概念の特徴は、それがいかにして移民、若者文化、マギングをめぐる「モラル・パニック」などの人々の不満に訴えかけることによって作動し正統化されるかを認識しているという点にある。権威主義的ポピュリズムはその「人気」だけではなく、「国民の恐怖、不安、失われたアイデンティティ」へのイデオロギー的な訴えを通じて「人々」を動員する（GAS: 167）。ホールはここで、「ポピュラー」と「ポピュリスト」とを注意深く区別している。例えばフォークランド戦争では、国家再生というポピュリスト的な訴えが帝国の崩壊とイギリス人らしさの中心性の喪失によって次第に周縁的地位に追い込まれているというイギリスの恐怖に対して働きかけることによって、効果を得たのである。また別の文脈では、一九八〇年代後半のエイズの蔓延に際してサッチャリズムが同性愛に厳しく権威主義的に対処した時、それは伝統的な家族という価値にポピュリスト的に訴えたのであった。

ホールの意見は、左翼はこのサッチャリズムのレッスンから学ばねばならないということだ。サッチャリズムのイデオロギー言説の分析は、『刷新への困難な道のり』における彼の目的のほんの半分でしかない。この書物は左翼が置かれている「危機」と、何よりも左翼がそれから何を学び取ることができるかについて、同じように議論を展開しているのである。ホールは読者に二つの明確な代替策を提案する。左翼は革命的な階級意識へと未だに訴えかけ続けることができるか、それとも現代政治と文化の変化をしっかり直視し、右翼に代わる代替的なあり方の中に、ポピュラーで民主的な訴えでもって新しい時代をもう一度想像することができるか。

ニュー・タイムス

刷新への困難な道のりに至る第一歩は、サッチャリズムに降伏するのではなく、それから学ぶことである。『刷新への困難な道のり』に納められた論考はサッチャリズムのポピュリズムを理解しようという試みであり、そうすることでその論理を左翼が再生産したり真似をしたりするのではなく、ホールたちによって簡明にニュー・タイムスとして知られることになったものをめぐるヘゲモニー闘争に参入できるようになるのである。ニュー・タイムスのプロジェクトは一九八九年九月に、それに関する論考の多くが最初に掲載されることになった「マルキシズム・トゥデー」誌を通じて旗揚げされた。ホールによる二本の論文と序文を含む『ニュー・タイムス――一九九〇年代の政治的様相の変容』（一九八九）は、こうした論文の修正版や改訂版を収録していた。ホールと「マルキシズム・トゥデー」誌の編集長であったマーティン・ジャックスによって編集されたこの本は、一貫した「マニフェスト」でもなければ完成された立場表明でも正論でもない。それは多種多様な分野の知識人がさまざまに異なり時には意見を異にする視点から持ち寄った現在進行中の仕事を集めたものだった。

　だが全体としてみた時に、ホールたちのニュー・タイムスのプロジェクトは左翼を強制的に「時代に歩み寄らせ」、二〇世紀最後の三十年間に起きた経済、文化、社会における歴史的変移に向き合わせようとする試みとしてみると最もよく理解できるかもしれない（NT: 12）。このようないわゆる「ニュー・タイムス」のサッチャリズムによる巧みな奪用は、古い体質から抜け出せない左翼のためらいに真っ向から対峙するものだった。ホールらによれば、ニュー・タイムスは右翼に固有なものではない。それは単にサッチャリズムがニュー・タイムスに沿うように政治と政策をより成功裏に適用したにすぎないのだ。この点でホールたちはサッチャリズムと世界の変容とを区別する。時代に歩み寄るとは右傾化したり社会主義を諦めろということではなく、社会主義のために右翼からこの時代を取り返せという意味である。それは今のところ右翼の側が受け入れてきた代替的でより進歩的な「形と抑揚」を、新しい時代に与えようということである（NT: 15）。

　では「ニュー・タイムス」とは厳密には何を意味するのだろうか。ホールがここで言及している「抑揚」とは、ヴォロシノフに依拠したもので（第一章参照）、多方向アクセント的な記号という考え方である。もしサッチャーの下で言語的記号が一つの意味の組み合わせだけを担う単一アクセントに見えていたとしたら、ホールはそれを、その意味が右翼の支配的言説から脱分節化され、左翼の言葉へと再分節化されねばならない記号として理解する。ニュー・タイムスは、単一の規範的な定義を「読み取れる」ような固定された最終的なシニフィエを持たない。意味ははめ込まれてはいず、それを分節化しアクセントを与える者たちによって社会的に生産される。そうだとすればニュー・タイムスとはせめぎあう記号のことである。そこは本来的に進歩的でも退行的でも、右翼でも左翼でもない、継続的な闘争の現場なのである。

しかしニュー・タイムスはただ単に観念をめぐる闘争を指すわけでもない。そのような観念がある種の対応となるような歴史的変移も意味している。つまり、この言葉は私たちがそうあれと願う何ものをも意味することはないということだ。「ニュー・タイムスの意味」（一九八九）の中でホールは、このニュー・タイムスという隠喩が現代社会で起きている数多くの変容を視野に入れているのだと述べている。そのような変容は、主にはポスト・フォーディズム、ポストモダニズム、ポスト・アイデンティティといった多くの「ポスト」や、またはホールが好んで「主体の革命」と呼んでいるものを想起させるのである。

フォーディズムとポスト・フォーディズム

フォーディズムとは一九三〇年代にグラムシによって作られた言葉である（グラムシの「アメリカ

ニズムとフォーディズム」（一九七一）参照）。これは二〇世紀初頭にT型フォードをつくるためにヘンリー・フォードが最初に用いたベルトコンベアーによる製造方法のことを指すが、より一般的には「大量生産時代」とそれを可能にする組織労働のことをさす（NT: 117）。フォードは八時間五ドルを基準として構成される機械的労働工程を導入した。この自動化された生産ラインによって、生産水準を劇的に増加させるような方法で組み立て工程のさまざまな部分に焦点を当てる安定した労働力に作業を「運ぶ」ことに成功した。彼の方法はフレデリック・テイラーが『科学的経営の原則』（一九一一）で書いたことにヒントを得ていた。「テイラー主義」と呼ばれるそれは、作業工程の効率を規格化し上昇させる時間と作動の研究に基づいて作業を分業化することの生産利潤について説いたものだ。しかしグラムシには、フォーディズムが単に工場への影響力に留まらず、新たな生き方、考え方、生の感じ方を創出することがわかっていた。

フォードが意図したように、彼の労働者たちの比較的緩やかな労働時間は、彼ら自身が組み立てた大量生産商品を楽しむ余暇を生み出した。ゆえにフォーディズムは戦後の新たな大量消費文化の出現にも密接な関係があるのである。さらに視野を広げれば、（断片化、疎外された孤独な労働、機能主義といった）フォーディズムの社会的影響力は、二〇世紀初頭の近代主義の文化運動にもつながるものだった。例えばエドヴァルド・ムンクの絵画「叫び」は、疎外された孤独な個人の古典的な近代主義的表現である。加えてピカソなどのキュビズム絵画に見られる断片化され破壊された表面性や装飾性を極限まで排除した近代建築の機能主義は、フォーディズムに極めて重なるものがある。

フォーディズムの生産様式は一九一四年にアメリカで始まったが、西欧の工業社会でそれが最も威力をもったのは一九四五年から一九七三年の間だった。一九三〇年代の大恐慌以来、フォーディズムは資本主義経済の成長と安定に深く結びついてきた。しかし一九七〇年代初期に再び景気後退が訪れると、フォーディズムは資本に固有の矛盾する不安定さに対する解決策として次第に有効性を失っていったようだ。少なくとも表面的には、厳密さ、機械的操作、統一され規格化された生産と消費の形態といったフォーディズムの「解決策」自体がまた、その問題となってしまったのだ。フォーディズムは柔軟性に欠けていたため、グローバル市場の次第に多様化し不安定になる需要を捌くことができなかったのだ。

ポスト・フォーディズムは一九七〇年代の不景気から生まれ、イギリスにおける自動車作業などの伝統的工業と工業生産方法の衰退に、また保険、年金、金融ローンなどのサービス産業の勃興に関連している。それは港湾と造船のような現場関係にはもはや縛られず、地域や国内だけではなくグローバルに競争する新しい技術やハイテク産業の出現に伴っていた。ポスト・フォーディズムのグローバルな性格はマルクス主義地理学者のデヴィッド・ハーヴェイが「時間‐空間の圧縮」と呼ぶものの帰結でもある。衛星回線コミュニケーションの広がりに伴う安い運搬費用と、より最近はインターネットにより、ある巨大テレビ会社の言葉を借りれば、世界は「小さな場所」となった。

ホールによれば、時間‐空間の圧縮による効果の一つは国民国家自体が、彼の言葉によると、「困難に陥っている」ということである。西洋の産業社会がそれ自体を体系づけてきた支配的な空間である国民は、グローバライゼーションの国家横断的性格によって脅威にさらされているのだ。国民は統一された自足性という当初の感覚を失い、より相互依存的で分裂化の傾向にある。国民国家の脱中心化は単に、国境への関心の欠如といったポスト・フォーディズム的な資本流動という経済的な帰結であるわけではない。一九七〇年代以降の環境問題に対する関心の増大は、地球温暖化と大気汚染という形でフォーディズム的な産業汚染との決別を余儀なくするような、グローバルな意識の高まりを見せた。ホールが挙げる一例は、ウクライナのチェルノブイリでの原子炉事故後に西ヨーロッパに流れてきた放射能を含む風である。その風は「国境で立ち止まってパスポートを見せ「今からあんたの領土に雨を降らせてもいいかい？」などとは聞かない」ものだ（LG: 25）。ホールによればこのような経済的かつ環境的なグローバルな変化によって、私たちは次第に国民が一つの「想像の共同体」である

IMAGINED COMMUNITY

想像の共同体

『想像の共同体』（一九八三）の中でベネディクト・アンダーソンによって作られた用語。国民とは西洋社会における近代の産物である。それは部族、宗教、地域といった古い形の集合的な同一化の過程を転移し、それらを接合し包摂するように機能する。想像の共同体という言葉は、国民とは構築物であるということと、その統一性や一貫性の想像的な主張を強調する手段である。国民とは具体的な国境、法、制度からだけではなく、フォークランド戦争時のサッチャーによって動員されたような表象、イメージ、物語によっても構築される象徴的共同体なのである。

ことに気づかざるをえなくなるのである。

　ポスト・フォーディズムの伴う加速する技術革新は、フォーディズムのより厳格な作業に取って代わった。例えば、働く場所はもはや大都市の工業地域に地理的に縛られることはなくなったし、この点で言えば西洋の産業社会にとって原材料も市場も同じような事態になっている。ビジネスは次第に移動性を増し、シリコン・ヴァレー、東南アジアの搾取工場、サイバースペース上のヴァーチャル・ウェブサイトなど、より「離れた」空間にその基地を置くようになる。同様に労働作業ももはや特定の場所や時間に縛られず、工場労働ではなく家庭での仕事に、九時から五時まではなく二十四時間週七日になる。消費財はさらに多様性を増す。生産コストを抑えるために同じ製品を製造するというフォーディズムの「規模の経済《エコノミー・オブ・スケール》」は、デヴィッド・ハーヴェイが「範囲の経済《エコノミー・オブ・スコープ》」と呼ぶものに置き換えられる（Harvay 1992: 155）。範囲の経済は膨大な選択肢と「これ一つ限り」、デザイナーブランド、「限定品」によって特徴付けられる。

　このような柔軟性の増大は、中にはそう言う批評家もいるけれども、単に資本主義的拘束からの新たな自由と取り違えられてはならない。例えば「柔軟性」に伴ってパートタイム契約や臨時労働が増え、長期雇用の安定を脅かすことになる。それはまたフォーディズムによる集団的労働環境に特徴的な性格であった労働組合の権力を融解させてしまった。グローバライゼーションは不均衡と不平等を維持するだけではなく拡大さえしている。それは合衆国主導であり、世界の最貧国との搾取的関係を共有し続けている最「先進」工業国によって規制されているのだ。

グローバル・ポストモダン

フォーディズムが文化的に支配的だったモダニズムに結びついていたように、ポスト・フォーディズムはポストモダニズムに結びついている。ホールが記すように、

> 文化理論家の中には、さらに大規模のグローバル相互依存に向う潮流が強い文化的アイデンティティを全て崩壊させることになり、文化的慣習の断片化、スタイルの複数性、短命なものの強調、無常性、一時的なもの、差異、文化的多元主義など、……つまりグローバル・ポストモダンとでもいえるようなものを生み出していると主張するものもいる。……社会生活がスタイル、場所、イメージのグローバル市場や国際的な旅、グローバルに張り巡らされたメディア・イメージやコミュニケーション・システムによって媒介されればされるほど、アイデンティティは特定の時間、場所、歴史、伝統からさらに乖離し引き剥がされ、「自由に浮遊」しているように見えてくるのである。
> (QOCI: 302)

共有された共通の集合的アイデンティティや「文化的帰属性」の感覚は、ポストモダンなニュー・タイムスにおいてますます維持することが困難になっている。ホールは国籍、人種、階級、ジェンダ

ーという概念をめぐって構造化された伝統的な文化や集合性の「比較的「定住的な」性質」が、いかにしてグローバライゼーションによって崩壊させられているかについて述べているのである（Hall 1996: 2）。「比較的」という言葉遣いは、ここで重要である。ホールは私たちが安定した統一されたアイデンティティの時代から不安定で多元的な時代へと移行しているなどと言っているわけではないからだ。そうではなく、アイデンティティは次第に非決定性を帯びている。この事実によって、なぜ伝統的な左翼が統一された集合的アイデンティティにこだわるがゆえになしえなかったことを、サッチャリズムの矛盾に溢れた権威主義的ポピュリズムが達成できたのかが説明されるのである。

ポスト・アイデンティティ、もしくは主体の革命

ポスト・フォーディズムとポストモダニズムに関する諸理論によって、ホールの試論「ニュー・タイムス」においてなぜ「主体の革命」が中心課題となっているのかを理解することができる。古いフ

ポストモダニズム

前のページ〔173頁〕の長い引用（QOCI）の中でホールはポストモダニズムのなにやら耳障りな言葉を一堂に集めている。折衷主義とかスタイルの複数性、無常性、差異、ネットワーク社会、脱臼、自由に浮遊する主体といったようなものだ。しかしより一般的な状況としてのポストモダニズムがもっと定義しにくいも

POSTMODERNISM

のであることはおそらく当然だろう。にもかかわらずイギリスの文化批評家ピーター・ブルッカーは、「ポストモダニティ」、「ポストモダニズム」、「ポストモダン理論」というポストモダニズムの三つの異なる使い方の有益な区別を提示している（Brooker: 1999）。

1 「ポストモダニティ」はポストモダニズムの歴史的次元を、第二次世界大戦に引き続いて出現した何か、つまり二〇世紀の前半数十年に優勢だった「モダニズム」の後や次の何かとして指し示している。それはフォーディズムからポスト・フォーディズムへの転換によって特徴付けられる西洋資本主義の変容を意味している。

2 「ポストモダニズム」はこのような時代の文化的状況とそれにかかわる芸術と日常生活の特定のスタイルを指している。たとえばポストモダン建築は、ひとつの建造物や一群のビル群に、ルネッサンス、ジョージアン、モダニストなど、さまざまな時代のスタイルを同居させるその折衷主義によって特徴付けられる。

3 「ポストモダン理論」は次のような人物たちによるポストモダニズムに関する理論的論争を指している。大文字の歴史や宗教といった大きな全体化する物語を拒絶したフランスの元マルクス主義知識人ジャン＝フランソワ・リオタール、「シミュレーション」という用語で表象が現実的なものよりもより現実的になってしまうという考え方を提示したジャン・ボードリヤール、深みのなさ、パスティーシュ、断片性などの言葉でポストモダニズムを読み解いたアメリカのマルクス主義者フレドリック・ジェイムソン。ポストモダン論争はもう少し一般的に見れば、構造主義やポスト構造主義の理論（後に出てくる「差異と差延」のコラム、193頁を参照）やジャック・デリダ、ミシェル・フーコー、ジャック・ラカンなどのフランス人思想家と結びついている。

ォーディズム的な生産様式の衰退は同じ工場で時間をともにし、同じご近所に暮らし、同じパブで飲むという伝統的な共同体の衰退を意味した。この結果、「階級や国家や集団」によって結び付けられていた「集合的社会主体はより分割され「多元化」される」(MNT: 119)。ハイテク産業、Eメール、インターネットなどがもはや場所や国民によっては構築される必要なくグローバルに展開する、次第に分裂し分散された方法で人々を「ネットワーク化」するにつれて、ポスト・フォーディズムは主体を新たな方法で再整備する。さらに主体性のポストモダン的な概念によると、それは分割され不安定になってしまった集合的アイデンティティであるだけではなく、そのような分割や不安定さこそが私たちの「内側」にあって、私たちを主体として定義しているということになる。

ポスト・エヴリシング?

「ニュー・タイムスの意味」等の論文におけるポスト・フォーディズムとポストモダニズムへの着目にも関わらず、現代社会の変容を説明するカテゴリーとしてはどちらも「完全に満足のいく」ものではないとホールは述べる。同年に発表された論文の中で、ホールはこう述べている。「今やポストモダン時代。あなたはこんなにもバラバラな気分。でも私は中心化されている」(MS: 44)。ホールはここで脱中心化された主体というポストモダン理論の含蓄を、ディアスポラによってすでに脱中心化されているカリブ移民としての自らの主体性を理由に、皮肉を効かせて考察しているのだ。こうすることでホールは、普遍的状況としてのポストモダニズムというものに疑問を呈しているのである。リオタールについて、ホールは尋ねる。「彼は誰についてしゃべっているんだ？　セーヌ左岸をブラブラしている彼と彼の友人たち［戦後パリの知識人たちの亡霊］のことかい？」また同じように、ホールはポストモダニズムを「世界がいかにして「アメリカ的」になりたいかということだ」と定義している

THE SUBJECT

主体

主体とは、ホールが「全体的で中心化され安定していて自律的」と指摘する「自己」を特権化する「アイデンティティ」や「個人」という言葉に代わって、ポストモダンとポスト構造主義の理論において用いられる用語である（*NT*: 120）。ホールにとって自己とはその内部において断片的であり不完全であり複数である。そして生産され位置づけられる。つまり言説に服従し決定されるのである。このような脱中心化されたアイデンティティ観はポストモダニズムに不可欠だが、一九八〇年代と九〇年代にホールの思想を占めていたより広範な二〇世紀的論争の一部でもある。ホールはこの論争を慣習的に五人の代表的人物に依拠して見取り図を描いている。まずカール・マルクス。彼はイデオロギーを「虚偽意識」として描き出した。次に無意識の作用を明らかにしたジークムント・フロイト。私たちは言語によって「話しかけられているのだ」と言ったフェルディナンド・ド・ソシュール。いかにしてアイデンティティが誤認と不在を前提にしているかを暴いたジャック・ラカン。自己を言説の主体であると同時に言説に服従するものだと考えたミシェル・フーコー。またこのような「偉大なる男たち」以上に、ホールの主体論は一九六〇年代後半の社会運動、特にフェミニズムによって決定的な影響を受けている（第六章参照）。

(PA: 132)。ポストモダニズムに対するホールの違和感は、ポストモダニズムは、それ自体が普遍化を主張する西洋の言説の一つとしてそれ自体の特殊性と内的矛盾を抱えているということを認められていないという点にある。ホールが引用しているポストモダンの理論家たちの中では、マルクス主義知識人であるフレドリック・ジェイムソンだけが「ニュー・タイムス」論文の中で肯定的に引用されているのは見逃せない。ジェイムソンに従ってホールは、「現代文化は冷酷なほど物質的であり、……物質的世界は……根本的に文化的である」という「資本の文化的論理」を追求しようとする(NT: 128)。(ジェイムソンはこのような論理を「ポストモダニズム、もしくは後期資本主義の文化的論理」と題された名高い論文の中で「ポストモダニズム」と呼んでいる(Jameson 1984)。

しかしホールにとってはおそらく、ポスト・フォーディズムもポストモダニズムも、絶対的な区切りを示すのではなく、不均衡で矛盾する傾向として最もよく理解されている。そこでポストモダニズムの「ポスト」とニュー・タイムスの「ニュー」の違いを考えてみよう。前者は何かが終わったことを示し、後者は今まさに何かが出現し始めたことを暗示している。ホールも述べるように、マクドナルドのようなグローバルなチェーン店の規格化された商品こそはいずれにせよフォーディズムの縮図である。同様にポスト・フォーディズムもグローバルに展開されているように見えて、それは依然先進西洋社会に根ざしたままである。ホールのニュー・タイムスという仕事は、当時のポスト・フォーディズムやポストモダニズムに関する論争によって厳格に定められるわけではない。彼は、私たちは「ポスト・エヴリシング」ではないという意見なのだ。

ホールの立場は、「私たちはグローバライゼーションをあまりにも一元的に考えすぎている」というものだ（LG: 23）。グローバライゼーションは同質化に至るという一般的な過程とは反対に、その効果は実際極めて矛盾しているとホールは言う。ホールにとってグローバライゼーションとは同質化でもあり新たな差異と裂け目の創出でもある。彼が繰り返し述べているように、それは「ローカルとグローバルに同時に向う」のである（LG: 27）。結局、国民国家の単純な侵食などは起きなかった。それとは逆にグローバライゼーションは多くの国で保護的で排外的なナショナリズムの回帰を促してしまった。グローバライゼーションとは、ホールが「二重の動き」と呼ぶものである。一方で東欧とソ連の崩壊があり、他方ではそれと関連して、かつてはより大きな集合性の内部に沈んでいた場所で民族紛争やナショナリズムが勃興している。ホールはこの逆説的な過程がサッチャリズムというプロジェクトと、フォークランド戦争などの出来事を通じて次第に偏狭化していく帝国的イギリスらしさの誕生に具体化されていると考えている。「サッチャリズムが声を上げるとき、それはいつもこう尋ねてくる。「あなたは私たちの仲間ですか？」と。私たちの仲間って誰だ？ 仲間ではない人間の数だけで、本が一冊埋まってしまうほど大勢になるだろう」（LG: 26）。したがってグローバライゼーションの進展はいずれにせよ、すでに見たように、サッチャリズムの「退行的近代化」という独特の性格である国民アイデンティティへの保護的な回帰を導いてしまったのである。

ホールによるニュー・タイムスの説明で独特なことは、ポスト・フォーディズムとポストモダニズムの論争によって提示されたグローバライゼーションという争点を取り上げ、それを地球上を交差して移動する大衆運動や移民の増加と関連付ける視点を持っているという点である。イギリスの文脈ではエリザベス朝時代からすでに移民のコミュニティが存在していたことは既に（第四章を参照）触れたとおりだが、すでに述べた時間-空間の圧縮のせいもあり過去数十年間こうした移動は急激に増加している。それは国民性という単一化された概念を破壊してしまった国境横断的なグローバル経済の進行だけではなく、このような移動と表裏一体の戦後の労働力移動のことでもある。ホールが述べるように、「イギリスらしさはワシントン、ウォール街、東京への資本の巨大な分散によってだけではなく、このような移民の急激な増加によって脱中心化されてしまったことを忘れてはならない」（LG: 24）。

ホールによれば、グローバル資本主義はこのような新たな移民のコミュニティによって開かれた文化的差異をただ単に組み入れてしまっただけではなく、そうしたコミュニティとともに、それらを通じて、それらの周りで作用しなければならなかった。その一例としてホールが挙げるのは、現代広告は依然として「単一のとても排外的な一連のアイデンティティの、強力で、支配的で、極めて男性主義的な古いフォーディズム的心象に基づいてはいるが、それとともに次第に新たな外来趣味が現れている」ということだ（LG: 31）。連合王国では最近、マクドナルドのテレビCMで、インド風のスナックの新しい商品を売るためにバングラ音楽を流していた。チキン・ティィカ、ビッグ・マック、マックフライポテトは、インド系の民族文化が最新の流行となっている最近のイギリスの時代の最先端であり、それを多国籍企業がいち早く取り上げた一例である。ジョン・スミスのビターからキャドベリーのチョコレートまで、イギリスのソープ・オペラ「コロネーション・ストリート」の前に放映される最も単純で「イギリスっぽい」商品の中にも、インド的な色をつけたものに再構成されたり作り直されたものもある。ホールは差異に対するこうした最近の注目をユートピア的な多文化主義と取り違えたりはしない。「私は皆が皆口々に、「いらっしゃい、どう思うのか言ってごらんよ、あなたの話が聞けてとてもうれしい」などと言っている理想的な空間について話しているわけではない」とホールは言う（LG: 35）。現代広告は、一度はグローバル文化の不均衡を隠しつつ差異を通じて機能するかもしれないが、その差異は支配文化へと吸収される。ホールは強調する。「彼らはカルカッタで物珍しい料理を食べているのではなく、マンハッタンで食べているんですよ」と（LG: 33）。

同時にホールが注目しているのは、イギリスの移民コミュニティはこの時期、イギリス国内外で文学、音楽、映画、絵画、写真などを通じて地域的視点からグローバライゼーションの物語を語りながら、表象されるようになってきたということである。このような物語は「もう一つの立ち位置ともう一つの語る場所」があるということを示している（LG: 35）。試論「ニュー・タイムスの意味」は、「新たな形態のエスニシティ」としてのアイデンティティのこのようなローカルな政治が、サッチャリズムの退行的アイデンティティとしてのイギリスらしさに対する代替案をどのように提示しているかを考察して閉じられる。

ニュー・タイムスは同時にグローバルにもローカルにもなってしまったようだ。そしてエスニシティの問題は、たとえそれが「想像の共同体」の中からであっても、誰にもどこかしら来た場所があり、誰にも同一化と帰属の感覚が必要だということを思い出させてくれる。それを永続的で固定された本質的なものとはみなさないのはもちろんだが、このような同一性と同一化の契機を視野に入れられない政治はニュー・タイムスに立ち向かうことはできそうもない。（MNT: 133）

ここで言及されている想像の共同体は、本章冒頭でホールがサッチャリズムに繋げていたものとは全く違うものである。ニュー・タイムスの新しい主体は同質性からではなく、そこから私たち全てがただ外見の違う人間としてではなく語る特定の条件としての差異の承認から生まれる。このような主体は国民的ではなく、ローカルで（特殊で）、グローバルで、国家横断的である。それは固定された自然の本質ではなく、文化的歴史的に構築された位置である。サッチャリズムによるイギリス的なものへの偏狭な同一化に対抗してここで編まれたこのようなエスニシティとしてのアイデンティティという視座こそ、黒人イギリス人とディアスポラの文化についてホールがそれ以降記した著作の中で展開されたものである。そしてそれは本書最終章の主題でもある。

追伸——ニュー・タイムスとニュー・レイバー

一九八〇年代を通じてホールが主張していたのは、「さらに勤勉に、確信を持っていたとしても」

同じように考え行動していては左翼の刷新は不可能であり（*HRR*: 11）、左翼はサッチャリズムのレッスンから学ばねばならないということだった。一九九七年以降トニー・ブレアの下で、ニュー・レイバーだけがそのレッスンからうまく学び取っているように見える。ブランド化と特徴づけを刷新した労働党は、サッチャリズムの成功にとって不可欠だったイメージと心象をめぐるイデオロギー闘争へと参入する重要性を、正確かつ執拗なまでに意識していたということを自ら証明して見せた。しかしホールによれば、この闘争は左翼のためにニュー・タイムスを再分節化しようという試みであるというよりは、右翼の撤退した跡地を再び占拠するものだった。トニー・ブレアがイギリス首相になる十年前、ホールたちは、「実際は急進右翼のわずかながら洗練された人間的な形式以上のものにはなりえないようなニュー・タイムスというブランドを、左翼が政権の座に就くことで生み出すことになるかもしれない」危険性について書いていた（*NT*: 16）。現代イギリス政治についてのホールの批評が後から考えれば予言めいていたのは、これが初めてではない。それ自体一九七九年に発表された「あまりにも感動的で正しい＝右向き《ライト》の見世物」という論文のタイトルをほのめかすような、一九九八年に書かれた「あまりにも感動的で行き場のない大いなる見世物」という論文の中でホールは次のように書いている。

グローバルに見ても国内的に見ても、サッチャリズムが作り上げた「転換」の一般的な特質は、根本的に修正されたり覆されたりしていない。したがって刷新のプロジェクトは、［その誌上でニュー・タイムス論争が展開された雑誌」「マルキシズム・トゥデー」がその最終号を発行した当時の様相とほとんど変わってはいない。ブレア氏はそこからいくらかの言葉は学んだようだ。しかし悲しいことに、彼は音楽を忘れてしまったのである。(GMN: 14)

まとめ

本章はサッチャー夫人の下でのイギリスの寒々しい経済的見通しと、ホールがサッチャリズムと呼ぶイデオロギー的プロジェクトの成功との断絶性に着目することから始まった。フォークランド戦争を例に取り、イギリスらしさ、帝国的懐古主義、家父長制、道徳価値など、サッチャリズムのイデオロギー的心象の重要な要素を列挙した。このような心象と関係するホールの中心的な議論は、サッチャリズムは「退行的近代化」と「権威主義的ポピュリズム」により特徴付けられる矛盾したプロジェクトだったということである。私たちは階級を、左翼が理解できなかったような次第に不安定になる編成物として考えるために、サッチャリズムの矛盾する含意を考察した。

本章後半で考察したのは、ホールによるニュー・タイムスのプロジェクトと、時代とともに歩めという左翼に対する要求だった。ホールによれば、サッチャリズムは実のところ資本主義のより広範な危機に対する対応であり、ニュー・タイムスに関してはサッチャリストたちに固有のものなどなにもない。ポスト・フォーディズムとポストモダニズムの探求を通じて、グローバライゼーションと政治や政治的アイデンティティに対するその含意についてのホールの見解を検証した。グローバライゼーションへのサッチャリズムの反応は、偏狭で排外的なイギリス人というアイデンティティへの退行だったが、ホールはニュー・タイムスへの対処としてエスニシティとしてのアイデンティティのもっと革新的な政治を提案する。

最後に、サッチャリズムに関するホールの仕事とニュー・タイムスは、シヴァナンダン（Sivanandan 1990）、ハースト（Hirst 1989）、ジェソップら（Jessop *et al.* 1998）多くの左翼知識人から批判を受け、彼の最も論争的な仕事となってしまった。最も頻繁に言及されるこの種の批判は、ジェソップたちから向けられたものである。彼らには、ホールのプロジェクトについて二つの問題があった。第一にジェソップたちは、ホールのプロジェクトがサッチャリズムにイデオロギー的側面にばかりあまりにも比重を置きすぎて、それが現実に有していたより多大な権威と一貫性を与えてしまっていると考えた。次に、この点に関連するが、ホールはサッチャリズムの経済的状況を控えめに扱いすぎていると彼らは言う。ホールはこうした批判に対する強烈な反論を、『刷新への困難な道のり』の序文で展開している。

第六章　本当の自分

前章で検討したホールは、同質性ではなく差異を、国民的なものではなくローカルで国境横断的なものを、純粋な固定された起源ではなく偶発的な「位置《ポジションズ》」を強調しつつ、代替的なアイデンティティの政治に対して新しい時代《ニュー・タイムス》が持つ意味を考察していた。アイデンティティという論点は、ホールがこの問題について数多くの論文を発表した一九八〇年代後半から一九九〇年代にかけて、彼の研究の中心課題となっていた。このような一連の研究を通じてホールは、「ニュー・タイムス」論文の最後の部分ですでに現れていたエスニシティという比喩と、より広範なポストコロニアルで多文化的条件におけるディアスポラを追及するため、サッチャリズムへの対応として提示されていた、より限定的な関心から離れていった。以下本章では、エスニシティ、ディアスポラ、ポストコロニアル、多文化といった相互に関係しあう概念を、「新しいエスニシティ」（一九八八）、「最小限の自己」（一九八七）、「ポストコロニアルとはいつだったのか」（一九九六）などの論考を参考にして検討していこう。しかしまず、前章で導入された五番目の概念であり、それ以前の四つにとっても不可欠な、アイデンティティという概念についてさらに考察しなければならない。

アイデンティティ政治とアイデンティティをめぐる政治

試論「ニュー・タイムスの意味」の終盤でホールが取っているアイデンティティについての立場は、サッチャリズムによって奉じられたものへの単なる政治的代替案ではない。それはまた、伝統的な「アイデンティティ政治」によって作られる構造を克服するための思考をよりラディカルに試みるものでもある。「アイデンティティ政治」という考え方は、一九六〇年代、七〇年代に現れ、女性解放運動や黒人意識の高まりなど、北アメリカや西欧の新しい社会運動の中で芽生えたものだった。伝統的なアイデンティティ政治は、他の全てを排除したところで成り立つ統一戦線を代表する集団という意味での特定の共同体に対する、絶対的で不可分な献身と同一化という観点から定義される。「それは黒人の問題だ」、「ゲイの話だろ」、「女の問題」などという言い方は、排除によって統一されているある集団のアイデンティティを暗示しているという点で、伝統的なアイデンティティ政治の延長線上にある。まごうことなき連帯に基づいたこの種のアイデンティティ政治には有効な点も多く、黒人、女性、同性愛者を政治的争点に押し上げるという点で特に成功している。しかし、このようなアイデンティティ政治がいくつかの問題点を抱えていることも確かである。例えば女性解放運動とそれに伴うフェミニズムの政治を考えてみればよい。一九八〇年代前半、黒人フェミニストたちは、内在的な差異を抑圧し自分たちを大文字の他者として提示しながら、全ての女性は同じであるという暗黙の仮想に依拠していたこの種の政治に挑戦し始めた。このように、もはや単に「フェミニスト」ではいられなくなった白人フェミニストたちは、白人の西洋の女性という彼女たち自身の発話の立場という文化的な特殊性を無視することで成り立つ過程として、つまり普遍的なカテゴリーとして「女性」を用いていると非難された。ヘーゼル・カービーの「白人女性よ聞きなさい！ 黒人フェミニズムとシスターフッドの境界」（Carby 1982）や「フェミニスト・レヴュー」の増刊号「多くの声、一つの歌——黒人フェミニストの視点」（Amos *et al.* 1984）などは、初期のフェミニスト言説の中で沈黙を強いられてきた差異をはっきりと打ち出した。

一九八〇年代後半から九〇年代にかけてのホールの仕事は、アイデンティティ政治のこのような古い概念を拒絶するのではなく、再考する試みとして理解されなければならない。ホールの仕事は「労働者階級」とか「黒人共同体」といった、単一の、同質的な、統一されたアイデンティティに対して常に疑惑の目を向けてきたともいえる。しかし一九八〇年代も後半になって初めて、そして前章で見たような主体性に関する理論展開と歩調を合わせるように、ホールは率直に新しいアイデンティティをめぐる政治を規定しようと試みる。

アイデンティティには完全に統一された意味などありえないということを……認識すれば、アイデンティティ政治とは何かということに関する私たちの感覚も変容することは間違いない。それは政治的献身の性質をも変化させる。一〇一パーセントの献身などもはや不可能である。……アイデンティティの新たな概念を目にすることによって、それに続く政治の形態の再定義にも向き合わねばならないだろう。それは差異の政治や自己再帰性の政治であり、偶発的ではあるが実行可能な政治のことである。終わりなき分散の政治は、政治とはいえない。（MS: 117）

ホールによるアイデンティティをめぐる政治は、この時期に書かれた論文で彼が繰り返し言及している差異、自己再帰性、偶発性という三つの特別な用語によって特徴付けられる。差異の政治とは「一つ」の内部に「多数」を承認し、黒人／白人、異性愛／同性愛、男性／女性という多様な共同体を個々別々の統一体へ厳格に分離する、単純な二項対立を拒否することである。差異はもはや外在的ではなく、集団にせよ個人にせよ、アイデンティティに対して内在的なのだ。自己再帰性とは、私たちが発話する立場の特殊性を前景化することである。そうすれば、私たちはもはや自然で普遍的な発話の立場など想定することはできなくなる。偶発性とは出来事や状況に依存するということ。私たちが取る政治的立場はそれほど頑強ではなく、時間の推移や異なる環境の下では立場を変えなければならないということを認識する感覚のことである。すでに見たように、もしも女性解放運動が単一の環境において進歩的な運動であったとすれば、それは他の運動においては抑圧的なものともなる。

差異、自己再帰性、偶発性という三つの用語は、ホールによるアイデンティティをめぐる代替的な政治を理解するために不可欠なので、これからいくつかの例を引きながらそれらを検討することにしよう。しかしその前に、ホールが本当に言いたいことを右の引用だけから理解するのは難しいだろう。ホールは「差異の政治は依然として実行可能」であり、「終わりなき分散の政治は、政治とはいえない」と主張している。これはいったいどういうことだろうか。

差異を作り出す差異

差異、自己再帰性、偶発性は中立な言葉ではない。それは、特にマルクス主義批評家からは政治の放棄だという批判を受けている、ポストモダンとポスト構造主義の理論に由来している。この点から右のホールの言葉を理解できるだろう。ホールは、差異はまた別の差異を作り出すことができなくてはならないと繰り返し注意を促しているからである。

ホールのアイデンティティに関する著作は、差延概念によって「意味の終わりなき延期」を意味したり（CID: 397）、政治的立ち位置の代わりにテクストの「形式的戯れ」を称揚するポスト構造主義者（必ずしもデリダはそうではない）たちから注意深く距離を取っている。つまりホールは「係留ロープを緩める」と言っているのだ（CP: 33）。この比喩はアイデンティティは特定の地点に堅固にはめ込まれも固定されもしていないが、同時にまったく自由に浮遊できるわけでもないという彼の立場を的確に表している。

試論「最小限の自己」の中でホールは、（常に言語が優先される）デリダとの差異と彼への依存を示す差延という拡張された隠喩によって、文章の文法的なイメージを利用している。

文の最終的な意味にとっての必要性とでも呼べる恣意的な閉止のない世界で、行為やアイデンティティは可能だろうか。言説は潜在的に終わりのない意味の無限の記号体系である。しかし特に何かを口にするためには、途中で話すことをやめなければならない。全ての句読点が暫定的なものであることはもちろんだ。……それは永遠ではないし、普遍的な真実でもない。無限の保証によって安定させられるのでもない。しかし今この瞬間、これこそ私の言っていることだ。これが私だ。……終止符。オーケー。（MS: 45）

ある種のブランド化されたポストモダニズムならば、立場ごと文ごとに移動し続ける無限の記号体系としての、意味の終わりなき遅延を強調するかもしれないが、ホールにとって重要なことは、意味はそれが「停止」したときに生み出されるということを自覚しておくことだ。この「（最終）停止」は決して終焉でも固定されてもいず常に恣意的で偶発的だが、このように立場を一時的に決定することはどのようなアイデンティティをめぐる政治にも不可欠なものなのである。だからこそ自己再帰性、偶発性、差異はそれぞれ単独では不十分なのだ。ホールは、新たな同盟を作り上げるために諸個人をつなぎ合わせ組み合わせる「分節化の政治がなければならない」と述べる。ホールのアイデンティティ理論はまた、デリダの脱構築、グラムシのヘゲモニー、ラクラウとムフの仕事を組み合わせた分節化に基づいているのである。

伝統的なアイデンティティ政治ではこのような同盟は統一性と差異の抑圧を目指すことによって形成されていたが、ホールは「差異における「複数の統一性」」という考えをとりあげる（MS: 45）。このように、アイデンティティは永遠に彷徨い遅らされるノマド的なものではない。反対にアイデンテ

DIFFERENCE AND *DIFFÉRANCE*

差異と差延

差異はアイデンティティに関するホールの仕事の中で不可欠な概念である。ホールによるこの言葉の用法は、ジャック・デリダの差延の概念（もしくは非概念）に注意深く関連付けられ、またそれに多くを負っている。構造主義において言語は実体性を持たぬ差異のシステムであった。「熱い」というシニフィアンの意味は、そうではない「冷たい」との関係において確保され区別される。デリダの差延概念は「区別する」と「延期する」という二つの意味を持つフランス語語源を元に意味の「戯れ」を利用したものだ。デリダの差延はポスト構造主義の論理を補強する。意味は、意味作用の鎖のどこか別のところにある「冷たい」との関係で生じる「熱い」というシニフィアンの中に全て現れているわけではないので、言語は意味の確定をいつまでも遅らせることになる。構造主義において意味は一連の対立性によって固定されるものだが、デリダにとって意味はいつも他のどこかにあるものである。私たちは決して最終的なシニフィエにたどり着くことはできない。それは常に延期され、遅らされ、掴み取ろうとするとスルッと抜け落ちてしまうのである。

ィティは――

アイデンティティ自体が全て文化、言語、歴史の中に位置を与えられ、定位されるということを認識している。それは特殊性と重層状況を主張する。しかし他のアイデンティティを全て跳ね返すということではない。それは固定された永遠の、変容しない対立軸に縛り付けられているのではない。排除によってのみ定義されるわけではないのである。（MS: 46）

これまでの議論をまとめてみよう。ホールがアイデンティティを再考するために用いている差異／差延という語彙は、彼の仕事を一九八〇年代、九〇年代のポストモダン的な主体性をめぐるより広範で発展途上の理論的論争の中に位置づけているように見えるが、そうするとホールの仕事の重層状況的な性質を見逃してしまうだろう。アイデンティティに関する論考の中でホールがまず関心を持っていたのは、最新の理論的流行に相乗ることではなく、彼がカリブ系黒人イギリス人の文化で起きていると考えている歴史的変遷を確かめ、説明することなのである。ここで実際のホールの理論を展開するために、アイデンティティ、エスニシティ、ディアスポラに関する彼の最も影響力ある論考である「新しいエスニシティ」（一九八八）を考察してみよう。

新しいエスニシティ

「人種」という言葉が通常、肌の色や目の色など身体的、生物学的差異を連想させるのに対し、「エスニシティ」は必ずしも目に見えて明らかではなく自然に基づいているのではない社会的、文化的差異を記述するものである。「新しいエスニシティ」で用いられているように、エスニシティは反本質主義的な用語である。それは差異を私たちの遺伝子に組み込まれている生物学的、人種的指標としてではなく、文化的構築物として理解しようとする試みである。「エスニシティという言葉は、主体の構築には歴史、言語、文化が必要であると同時に、言説は全て位置を与えられ、定位され、条件付けされ、知識は全て状況的であるという事実を認めている」(NE: 446)。このようにエスニシティを理解することによってホールは、重要なカテゴリーである「黒人」という差異を人種的指標でも色素でも肌の色でもなく、歴史を通じて(偶発的に変遷してきた)歴史的かつ言説的な「位置取り《ポジショニング》」として再読しようとする。このような再読によって、「黒人」を現在もなおその位置や状況を次々と変えていく過程にあるアイデンティティ編成として、重要な歴史の重層的状況下にあるイギリスの文脈で考えることができるようになる。「新しいエスニシティ」はこのような変遷を前後するのではなく重複し、しかし一緒に見られれば「黒人」を同一化のラベルとして再定位しかねない二つの契機という観点から、暫定的に描き出すことによって議論を展開している。第一の契機はイギリスにおける「黒人」という言葉の出現である。それは、実はさまざまに異なる歴史、伝統、エスニック・アイデンティティを持つ集団や共同体における新しい抵抗の政治の組織的カテゴリーとして現れた。政治的に考えると、ここで「黒人経験」がさまざまに異なる共同体のエスニシティや文化的差異を交差するアイデンティティの構築に基づく単一で統合的な枠組みとして、その他の民族的／人種的アイデンティティに対して「ヘゲモニー的」になったのである。（NE: 441）

この第一の契機を理解するために知っておかねばならないのは、「黒人」というラベルは合衆国から輸入されアメリカ的な暗示を多く含んでいるけれども、それにはまた、「黒人」がアフリカ系、カリブ系とともに南アジア系の共同体をも意味するというイギリスの特殊な文脈（位置）と意味がある。このように異なる共同体が、「移民」とか「有色人種」というそれ以前の同一化を転移し、特に「ブラック・イズ・ビューティフル」や「ブラック・パワー」といった一九七〇年代のスローガンに見られるように、肯定的な同一化としての黒人という単一の言葉を通じて自分たちを分節化したのである。統一された黒人共同体へのこのような投企は、すでに検討した伝統的なアイデンティティ政治の具体例である。それは差異よりも統一性に主眼を置き、本質的に善い黒人主体と本質的に悪い白人主体の構築によって、人種差別の対立論理をひっくり返しただけである。ホールはこのような政治を破棄しているわけではない。むしろ逆に、このような政治は歴史的に、そしてこれからもずっと、戦後イギリスにおける反人種差別闘争にとって必要なフィクションだと述べる。しかしそれはフィクションのままだ。そして人種差別の極論的構造を脱構築するのではなく、その論理を逆転させることによって再生産してしまうのである。この契機において黒人は普遍的で人種的なシニフィアンとして作用しがちなので、そこからそれ自体が出現し発話する位置の構築性を見逃してしまうのである（それは自己再帰的ではない）。

第二の契機はだいたい一九八〇年代半ばに現れたが、ホールはそれを「本質的な黒人主体という無垢な概念の終焉」と呼ぶ。

> ここでは、「黒人」というカテゴリーを構成する主体位置、社会経験、文化的アイデンティティの驚くべき多様性を承認することが争点となる。つまり、「黒人」とは本質的に政治的かつ文化的に構築されたカテゴリーであり、いかなる文化横断的で超越的なカテゴリーにも根拠付けられず、したがって自然に保証されるものではない。（NE: 443）

この第二の契機では、「黒人」という位置が統一性によって根拠づけられていた伝統的なアイデンティティ政治から、ホールにより概観されたアイデンティティの二番目の政治により近い、差異に根拠付けられたものへと移行している。このアイデンティティをめぐる政治は、「黒人」とは本質的に構築物であるという認識に基づいているという点で自己再帰的であると同時に、どんな固定されたカテゴリーにも結節されないという意味で偶発的である。第一の契機において、黒人はヘゲモニーを握っていた。つまり、いくつかのアイデンティティ間にある権力関係を隠蔽しながら作用していたのだ。それは特定のエスニシティを他に比べて支配的なものにしていたのである。

具体的には一九七〇年代から八〇年代初頭にかけて使われていた「黒人」は、南アジア系に対してアフリカ系カリブ人を、女性やフェミニスト的位置に対して男性と男性主義的ジェンダーの立場を、クィア・セクシュアリティに対して「異性愛《ストレート》」を特権化させていた。この第一の契機における「黒人」は、肯定的で一貫したアイデンティティ政治を模造するために、特定の発話の位置の従属化を必要としたのである。レゲエ・ミュージシャンであり詩人であるリントン・クウェシ・ジョンソンの作品は、イギリスにおけるこの第一の契機に近いものだ。彼の詩は黒人のデモや抗議集会でよく朗読され、白人による人種差別社会に抵抗するために統一された共通の「代表的な」黒人の声を提供している。例えば「イングランドの恐怖《イット・ドレッド・イナ・イングラン》」は、一九七〇年代に押し込み強盗の罪で誤って逮捕されたジャマイカ人ジョージ・リンドの釈放を求めるブラッドフォードでの抗議集会で初めて朗読された。それは敵対的な白人を前にした黒人共同体の連帯を謳っている。

いまだ、　　[rite now,
アフリカ人も　　African
アジア人も　　Asian
ウェスト・インディアンも　　West Indian

そして黒人イギリス人も　　an Black British
イングランドでは妥協するな　　stan firm inna Inglan〕
(Johnson 2002: 25)

この詩は一九七〇年代に幅広いエスニシティを横断し肯定的な黒人アイデンティティを分節化した、数多くの文化生産の一部であった。しかし、こうした作品によって動員されたヘゲモニー的で集合的な黒人アイデンティティのラディカルな政治的重要性に疑問を差し挟むことはしたくないが、これは他の発話の位置の犠牲の上に立っていたのである。例えばジョンソンの詩は結局『イングラン・イズ・ア・ビッチ〔メス犬、性悪女〕』という詩集として出版されたが、このタイトルは、力を与え、人種的に対抗的なレトリックを使っていると同時に、白人であれ黒人であれ、女性を誹謗するものでもある。それは他性の抑圧に寄りかかり、攻撃的なまでに男性的で男性主義的でさえあるやり方で発話しているのである。

一九八〇年代半ば以降、このような従属的だったアイデンティティが次第に増殖し承認され、自然としての「黒人」は侵食されることになる。このような変遷の明らかな一例として、ホールの論文「新しいエスニシティ」がイギリス生まれの南アジア人アーティストであり、パキスタン人の父親とイングランド人の母親という二重の家族背景を持ち、かつクィア・セクシュアリティを前景化していたハニフ・クレイシの作品を引用していたのは偶然ではない。だがクレイシの作品とこのようなアイデンティティ政治の変遷との関係を考察する前に、まず、ホールの言う二つの契機がそれとの関係で言説的に位置づけられるような表象という問題について検討しておこう。

表象の責務

「新しいエスニシティ」における、アイデンティティの変移する政治に関するホールの思考は、「血と肉」を持つ実際の人間の人類学的研究に基づいているのではなく、一九八〇年代のイギリスの黒人映画の考察から始まっている。まずなによりも、ホールはエスニシティは表象の内部で生産されると説明する。しかしだからといって、彼の説明を「現実」から程遠いものにしているかといえば、そうではない。ホールにとって、文化と表象の外部でアイデンティティを理解することはできない。これは彼が「文化的アイデンティティ」というフレーズを使いながら明記している事実である。

「新しいエスニシティ」は表象を「滑りやすい性質」として描いている。この論文は表象という言葉に多様な意味を持たせているのである。例えば、表象のより慣習的で「模倣的」な概念と、よりラディカルなポストモダン的なものとが区別されている。前者では、本や映画などは再‐現として理解される。つまり表象の「外部にある」現実世界の反映とか再生産として考えられるのである。後者では言説の外部には何もないということになる。前者のような意味での表象は終わっているということだ。本や映画が表象していると言われる言説以外には何もないのである。ホールはこのような二つの極論に対する代替案を提示する。つまりこういうことだ。現実世界は表象の外部にある。しかし表象を通じてのみその現実世界に意味を持たせ、何かを「意味させる」ことができる。さらに表象は反映ではなく構成的であり、それゆえ表象には現実の物質的な力がある。だからホールにとって、歴史的に見てイギリスの黒人文化が周縁的で劣等に見えるのは偶然ではなかったのだ。それはメディアのような制度によって適用され「規範化」された支配的な表象の機制によって、周縁で劣等なものとして構築されてしまったのだ（NE: 441）。このような表象では黒人の経験は不在か、またそれらが現れる場合でも、（『ブラック・アンド・ホワイト・ミンストレル・ショウ』〔一九五八年から七八年までBBCで放映されていたミュージカル。「ミンストレル」とは一九世紀半ばにアメリカの白人が黒人奴隷を真似て楽器やダンスなどを演じたことが起源〕のように）ステレオタイプ化された性質になってしまうのである。この時代、黒人は表象を生み出す主体ではなく、生み出される客体であった。

ホールによるこの論文の大きな意味は、表象のこのような支配的様式と、すでに述べた同一化の第一と第二の契機とをつなぎ合わせたことにある。ホールによれば、「文化的に見て」ヘゲモニー的で統一された黒人アイデンティティの構築は、「黒人がたいてい白人による美学的文化的言説の物言わぬ不可視の「他者」として定位されてきたことへの批判として編成されたものだった」（NE: 441）。ここでホールは黒人の周縁的な地位を、表象の支配的様式と代表的な黒人経験の構築とに連結させている。「新しいエスニシティ」は、映画を作るなどの芸術的叙述と、「表象＝代表」として黒人共同体全体のために声を上げている、ある種の代表団としての表象との間にある緊張を探求しているのかもしれない。「表象に至る」機会は極めて限られていたがゆえに、代表となって黒人共同体全体のために発話する黒人アーティストにはある種の責務が背負わされていたのである。同じように主流文化の中にも黒人の「否定的」表象には「肯定的」表象で抵抗せねばならないというプレッシャーもある。このようなリントン・クウェシ・ジョンソンの作品に如実に表れている表象の責務は、差異ではなく黒人の統一性に、またそのアイデンティティの力強く肯定的な側面に重点を置いているという意味で、伝統的なアイデンティティ政治に絡めとられている。

第二の契機は、「表象の諸関係をめぐる闘争から表象それ自体の政治への移行」である（NE: 442）。この移行は表象の模倣的な理解から、表象が「黒人」アイデンティティ構築に構成的役割を果たしているという見解への移行でもある。第一の契機における表象には、「それが現実にはどうなのか」を語りがちであった。これはジョンソンの作品にすでに証言されている黒人共同体の苦境を「記録」しようという欲望に明らかである。同様に黒人イギリス人の映画批評家であるコベナ・マーサーは、一九七〇年代の初めての黒人映画制作者たちの間で、いかにリアリズムが支配的なジャンルとなり、彼らがドキュメンタリーの手法を用いて主流メディアに流れていた黒人のステレオタイプを「矯正」しようとしたかを記していた（Mercer 1988, 1994; Mercer and Julien 1988）。表象のこのような現実主義的形式は、真正で「純粋な」黒人主体が「そこにいて」、人種差別社会の嘘とフィクションから救出されなければならないと想定するのである。

他方で表象の政治は、「黒人」とは表象の外部にある何ものかではなく表象を通じて構築される言説的に生産されるカテゴリーであり、できるだけの真正性をもたらすのは表象の義務だという認識に基づいている。「新しいエスニシティ」で引用されている『ハンズワース・ソング』(一九八七)や『テリトリーズ』(一九八四)などの一九八〇年代の黒人映画は、このような移行を具体化したものだ。これらはともに、白人の主流メディアで用いられていたドキュメンタリーと同じスタイルによってそれ以前の黒人映画の伝統にあったようなより真正なドキュメンタリーを作るのではなく、断片的な物語を生み出すためにそれらを「カット・アンド・ペースト」し、不協和の音楽を挿入することによって脱構築するのである。その結果、白人によるドキュメンタリーの伝統の限界を暴くために、それを脱自然化することになる。ここで問題なのは、まさに「現実的なもの」という概念自体を疑問に付し、「黒人」の構築性と黒人らしさの支配的な表象が隠蔽してきた差異を明らかにするために、引用、パスティーシュ、断片を優先する表象様式である。そうすることによってこれらの映画は、表象と権力との関係を認識し、それらが依拠しているフィクションを暴くことによってそうした権力に抵抗しようとしているのである。

第一の契機における闘争が、「悪しき古き本質的な白人主体を、新しい本質的に善い黒人主体に置き換えることによって」(NE: 444)、対立しあう差異を反転させるのに対し、第二の契機は、統一されたカテゴリーであるはずの「黒人」を横断し複雑化する内的な差異を強調し、黒人は全て「善人」だとか黒人は「みんな一緒」だといった考え方を空想だと認識しているのである。ここで第一の契機の対立図式は、人種差別の二項対立的な、やつらとわれわれ、という論理を図らずも繰り返している。

「やつらみんな同じに見える」という人種差別的ステレオタイプと共犯関係にあるということだ。第二の契機は、表象におけるその基盤とそこからそれが発話する位置とを暴くことによって、人種差別の論理を脱構築しようと試みている。これによって、特定の条件下で現れているにもかかわらず全ての人のために発話しているかのように振舞うドキュメンタリーの伝統のような、西洋の支配的言説を普遍化する超越的な傾向が明らかになる。こう考えると、エスニシティとはただ黒人のことを指しているだけではない。もしも「白人」や「イギリス人」が従来超越的カテゴリーであったとしたら、彼らは自分たちがエスニシティとして特徴付けられていることをいまや認識しなければならないのである(Dyer 1997を参照)。

予定調和のフィクション――『マイ・ビューティフル・ラウンドレット』

「新しいエスニシティ」の終盤で、ホールは一九八〇年代半ばから後半にかけて起きた黒人表象の政治における変化の好例として、ハニフ・クレイシの映画『マイ・ビューティフル・ラウンドレット』(一九八五)を取り上げている。

『マイ・ビューティフル・ラウンドレット』は近年黒人の書き手によって生み出された最も注目に値する重要な映画である。……それはなによりもまず、論争を巻き起こしたからだ。この映画は黒人の経験を単色で、即自的で、決まったセクシュアリティのいつも「正しい」、言ってみれば常に肯定的でしかないものとして表象することを拒否したのである。（NE: 449）

この映画は白人労働者階級のジョニーと売り出し中のアジア人事業家オマーとの同性愛関係を、一九八〇年代半ばの同性愛嫌悪で人種に対して不寛容なサッチャリズム的文化の中で語る物語である。『マイ・ビューティフル・ラウンドレット』のラディカルさは、それがどちらの側につくことも拒絶している点にある。それは善い黒人主体と悪い白人主体というありがちな等式に回収されることを拒否し、表象の第一の契機にあった因襲的な二項対立を破壊している。例えばアジア人たちを狂信的な愛国者や実業界の搾取文化にどっぷりつかった物欲まみれのビジネスマンとして、また「薬の密売人、男色家、狂った家主」として描き出すことで、この映画は黒人文化の肯定的で「正しい」あり方を拒絶しているのである。またこれは冷酷なサッチャリズムの犠牲者と「なるべき」アジア人の物語も拒絶している。この映画が扱う南アジア人のエスニシティ、クィア・セクシュアリティ、野心あふれる中産階級文化は、第一の契機にあったような、「黒人」はアフリカ系カリブ人で、男性で、男性主義者で、労働者階級であるというヘゲモニー的な表象を崩壊させる。「新しいエスニシティ」でも引用されている「ダーティ・ウォッシング」と見事に題されたエッセイの中で、クレイシは第一の契機に深く結びついていた「予定調和のフィクション」を乗り越える必要性について語っている。「ＰＲ担当としての、雇われの嘘つきとしての脚本家は……今日のイギリスを真剣に理解しようという試みの下では……詫びることも理想化することもできない。たった一つの集団を美徳の独占者として感傷的に扱ったり表象したりすることはできないのだ」(NE: 449)。一九八〇年代半ばにこのようにクレイシによって挑発的に語られた表象の第二の契機は、現代のアジア系イギリス人による映画やテレビ番組の中へと次第に浸透していった。ミーラ・シアルらの『グッドネス・グラシャス・ミー!』(一九九六)や『アニタとわたし』(二〇〇二)、グリンダー・チャーダの『ビーチのバジ』(一九九三)や『ベッカムに恋して』(二〇〇二)、アユーブ・カーンの『イースト・イズ・イースト』(二〇〇〇)などは、アジア系イギリス人の文化を弁護したり理想化するのではなく、むしろ諷刺しようとしている。やり方はさまざまに異なるけれども、これらの映画にはホールが「新しいエスニシティ」で注目していたアイデンティティの新しい政治と共有する部分がある。どちらももはや即自的でも単色でもない、共同体の内的に異なる偶発的な立場に光を当てているのである。

しかしだからといって、第二の契機で活躍するアーティストたちのほうが「より良く」もっと複雑だということではない。チャンネル4(一九八二年に放送開始したイギリスの民放テレビ局。白人中産階級を視聴者に想定していたBBCと異なり、マイノリティ文化を積極的に反映させた娯楽性の高い番組を制作している)のような機関の到来によって、文化表現の支配的な様式へと次第にアクセスしやすくなっていたこのような新しい世代のアーティストたちにとって、表象の責務はある程度軽くなってきていたからである。一九八〇年代、九〇年代のホールの仕事は、このような変化をいち早く察していた。それによって彼自身の思考の変化をも理解することができる。かつて「人種」に関するホールの研究は、『危機を取り締まる』にみられたように、黒人という争点をメディア言説の生産物や対象物として焦点化しがちだったが、一九八〇年代半ば以降、特に写真や映画を取り上げて、黒人による文化生産自体の美学へと集中的に焦点を当ててきたのである（例えば Hall 1984, 1993: Hall and Baily 1992 などを参照）。

BLACK BRITISH FILM

黒人によるイギリス映画

近年ホールが取り組んでいる黒人イギリス人の文化生産におけるアイデンティティ、ディアスポラ、表象の政治に関する思考は、一九八〇年代、九〇年代を通じて若い黒人の写真家や映画制作者たちの新しい世代に大きな影響を与えている。ホールは、アイザック・ジュリアン、マルティナ・アティーユ、モウリーン・ブラックウッドなどを一堂に会した一九八〇年代のサンコファ〔一九八三年、制作、配給、上映までを独立して展開することを目指して設立された黒人映像アーティスト集団〕のような映画プロジェクトにも関わっていた。

アイザック・ジュリアンが振り返るように、「そもそもスチュアートは最初にサンコファに資金を提供してくれたグレーター・ロンドン・カウンシルのエスニック・マイノリティ・アート委員会の積極的な支持者だったんだ。彼は特にロンドンの黒人芸術を支持するよう働きかけてくれた」。ホールの思考は、彼が「新しいエスニシティ」でも触れているサンコファ制作の映画『パッション・オヴ・リメンバランス』の制作に大きな影響を与えている。後にホールは『ラングストンを探して』でナレーションを担当したり、『アテンダント』ではある場面を演じてもいる。しかしイギリスの黒人芸術におけるホールの影響は一九八〇年代に限られたものではなく、もっと以前から、一九六〇年代後期から七〇年代にかけてロンドンでのカリビアン・アーティスト運動への関わりあたりから始まっているのである。

ディアスポラの美学

黒人の文化生産の美学へと焦点を移したからといって、ホールが政治から退却したわけではない。これまで検討してきた表象の政治に関するホールの仕事が示すように、美学と政治とは相互に依存する論点なのである。「新しいエスニシティ」はアイデンティティの政治における二つの契機について論じており、その二つは表象の問題に密接に結びついている。第一の契機であるアイデンティティ政治は現実主義的美学に、第二の契機であるアイデンティティをめぐる政治はポストモダン美学によって特徴付けられている。しかし本章で見てきたように、ホールはポストモダニズムを全てに当てはめることには疑問を持っており、結果的に「新しいエスニシティ」は、ディアスポラという概念を通じてポストモダニズムが関心を集めるような、その形式の差異と文化的特殊性に着目するのである。「新しいエスニシティ」においてホールは、ディアスポラを字義通りではなく隠喩的な概念として用いており、到着ではなく旅の過程を、固定性ではなく流動性を、根としてのルーツではなく経路としてのルーツを優先する、アイデンティティと表象の反本質主義的概念を前景化している。ホールが他の論文でも述べているように、「そのアイデンティティが、たとえ他の人々を海に追いやってでも帰らなければならない聖なる故郷との関係でのみ保証される、離散してばらばらになった部族をディアスポラと呼ぶわけではない」（CID: 401）。むしろホールはディアスポラを用いることによって、カリブ系や黒人のイギリス人アーティストたちによる映像表象において次第に顕在化してきていると彼が考えている美学に、つまり差異、ハイブリディティ、混在、越境を前景化するような美学に注目するのである。同時にホールは、彼のディアスポラ概念と、移民をコスモポリタンなノマドとして描くある種のポストモダニズムやポストコロニアリズムの中で提供されるディアスポラの浮き足立った読解とを、はっきりと区別する。根を待たないノマド的な主体とは反対に、ホールははっきりと自分の立ち

DIASPORA

ディアスポラ

「ディアスポラ」の語源はギリシャ語の「diaspeiran」である。「dia」は超えるとか通じるという意味であり、「speiren」は種子を撒くとかばら撒くという意味である。この語源が示すように、ディアスポラは土地や定住ではなく運動や移民に主眼を置く。比較的近年までディアスポラはユダヤ人の離散に限られて用いられていたが、それは次第にディアスポラ的な概念となり、黒人、アジア人、カリブ系、アイルランド系、アフリカ人なども指すようになったり、また経路や航行や国境などの旅する概念ともなっている。ホールはカリブ系のディアスポラ共同体の特殊な構成を論じる時などには字義通りに（Hall 1975, 1978を参照）、また黒人による映像形式のラディカルな不純性を指す時などには隠喩的に、この言葉を用いている。どちらにしてもホールがこの言葉を用いる時には、国民や国民アイデンティティを何か純粋で即時的で単一なものと考える思考との緊張関係を誘発することになる。「カリブ人は初めての、オリジナルの、純粋なディアスポラだ」と言う時（Hall 1995: 6）、ホールは起源と純粋性という国民主義的なレトリックを皮肉に用いて、他のどこからかやってきた地球規模の移民としてのカリブ人たちの典型的な特性を示しているのである。

位置を示す。たとえディアスポラの言説であっても場所は与えられるのであり、本書ですでに検討したように、新しいエスニシティというホールの概念は「自由に浮遊する」主体ではなく、ディアスポラ・アイデンティティの位置性と文脈性を前景化するものなのである。ホールがこの言葉を用いる政治的文脈も同様に見過ごせない。ホールが「新しいエスニシティ」の中で用いるディアスポラの語彙は、サッチャリズムの下で支配的な政治的文化的言説をあまりにも安定させていた、国民に中心化される「「イギリス人らしさ」というヘゲモニー的な概念」への代替案だったからである(NE: 447)。

ポストコロニアルと多文化

本章を閉じるにあたり、一九九〇年代半ば以降ホールの思考がどのように展開されてきたかを簡単にまとめておこう。一九九六年に発表された「「ポストコロニアル」とはいつだったのか?――限界域で考える」は、ホールの仕事が取る論理的方向性を示しているように思われる。すでに検討したようなディアスポラとアイデンティティに関する著作によって、フランツ・ファノン、エメ・セゼール、ホミ・バーバ、ガヤトリ・スピヴァクといった「ポストコロニアル」の重要人物について知ることができるだけなく、ホールのアイデンティティに関する仕事自体はおそらくポストコロニアル研究の中で最も影響力を発揮するだろうということがわかる。しかし、この論文自体はそれほどポストコロニアルな分析を提供するものではない。なぜならこれは「ポストコロニアル」を一つの概念として分析しようというものだからだ。

最も字義通りに取れば、ポストコロニアルとは、正式な植民地化が終了した後の時代を指しているかのように聞こえるだろう。例えばインドは大英帝国からの独立を期に、一九四七年コロニアルからポストコロニアル国家に移行した。しかしホールも言うように、問題は「この言葉が明らかに意味していることを、意味することがなかなか難しい」ということにある（Hall 1999: 1）。もし私たちが植民地主義以降に生きているとするならば、新植民地主義はどうなるのだろう。なぜこれほど多くのポストコロニアルの批評家たちは植民地的言説から離れることができないでいるのだろう。合衆国はポストコロニアルだろうか。つまり、ホールの論文のタイトルの時制が示すように、どこが、いつ、「ポストコロニアル」であり、あったのだろうか。

このような文脈の中で、ホールはこの言葉を定義するためではなく、それが何を意味してきて、将来何を意味するかもしれないかを探求し「明確化」しようと試みる。「ポストコロニアル」に引用符が付いているのは、学術的にこの言葉の定義はまだ決定されていないということを確認し、ホールがそれを「抹消線の下にある」概念として用いていることを示すためである。これは脱構築的でデリダ的なやり方である。それによってホールはこの概念の限界、沈黙、問題点を提示し、今のところこれ以上に適格な言葉は見つかっていないと示唆することができるのである。

ホールによる介入は、ポストコロニアル研究の歴史の特殊な時期になされた。この事実は論文の中で遠まわしに触れられているにすぎないが、この事実はこの論文を理解する手助けになる。この論文はカルチュラル・スタディーズの軌跡とも並行して、一九九〇年代のこの分野の急速な制度化に引き続いて登場した。制度化はこの分野の実践者たちによる多くの概念や理論に対する批判的な反動を誘発することになった。そのような非難の中には、ポストコロニアル研究はハイブリディティやディアスポラの浮き足立った美学を求めているために、政治的基盤が欠落しているというものもあった。それに対して「「ポストコロニアル」とはいつだったのか?」は、「ポストコロニアル」の政治的可能性を弁護するものとして読むこともできるかもしれない。しかしそれよりもこの論文は、ポストコロニアルの概念の意味を明らかにして、それがいつ始まりいつ終わるのかも含めたこの言葉の歴史的地理的限界は何か、そしてさらに重要なことには、この分野がどのように世界に境界を定め分割するのかを考察しようとしているのである。

この論文は三人の著名な批判者たちに触れながら、ポストコロニアルへの「裁判」を再演することで幕を開けている。エラ・ショーハットとアン・マックリントックは、この言葉の不正確さとともに、植民するもの/されるもの、コロニアル/ポストコロニアルとの境界線を曖昧にしてしまうことなどを批判する。彼女たちによれば、そのためこの言葉は特殊性を失い普遍化されてしまうという。これに加えてアリフ・ダーリクは、ポストコロニアリズムは「浮き足立った」ポスト構造主義の言説であり、資本の作用を無視しアイデンティティの言説的理解に依存していると非難する。また三人全てに共通する批判は、ポストコロニアルが「中心」に批判的であるどころかそれと結託し、周縁を市場化しているというものだ。

これに対するホールによる反論は次のようなものだ。このような批判は真剣に受け止めねばならないが、にもかかわらずそれらは依然として「現実」の政治、「動かしがたい」事実、「私たち」と「彼ら」という明確な区分への懐古的な回帰を目指している。ホールによれば、ポストコロニアルな概念の利点は、それが差異の二項対立的な理解から、こちらとあちら、昔と今といった対立的な限界域を崩壊させる差延の意味へと移行している点にある。反植民地闘争とポストコロニアル闘争との違いは、「ある差異の概念からもう一つ別の差異の概念」への変遷なのである（WWP: 247）。ここでホールの分析に表れる言葉がマルクス主義ではなくポスト構造主義に絡めとられているように見えるとしたら、彼がまたグラムシの言葉に依拠して議論を進めていることに注目してみればよいだろう。ホールによれば、ショーハットたちは偶発的な位置性を固定された最終的な立場に置き換えることで、「陣地戦」から「機動戦」へと退却してしまっている（WWP: 244）。この退却は、二項対立的思考の愚挙を明らかにしてしまった近年のレッスンから何も学んでいないということだ。一九九三年の湾岸戦争に言及して「ポストコロニアルな善玉と西洋の悪玉とのはっきりした「砂上の区分線」」を引くことを求めるショーハットに対して、ホールはこの戦争こそそのような区分線を消してしまったために、これこそ「古典的な」ポストコロニアルな出来事を実は表象していたのだと反論する。湾岸戦争は、石油のために合衆国がイラク人民に対して行った蛮行とともに、サダム・フセインが彼自身の人民に行った蛮行によっても引き起こされたからである。

これはいつでもどこでもポストコロニアルなのだということではない。この概念には普遍化の傾向があり、区別し境界を定める必要があることを、ホールも認めている。合衆国、イギリス、ジャマイカが全てポストコロニアルだとしても、まったく同じようにというわけではないことは明らかだ。つまりこの言葉の不均衡性に注意し、用いる際にはその抽象性のレベルを明らかにする必要があるということだ（WWP: 245）。「ポストコロニアル」という言葉を用いる際の区別化は、規範的ではなく記述的でなければならない。その際、植民地化は脱植民地化と同様に、単に海外で展開されている何かではなく、グローバルな過程だということを認識しなければならない。そこでホールは、この概念は抽象化を行えるという意味で、普遍的ではなく普遍化するものでなくてはならないと主張して、この分野における近年の流行に対して挑発的に挑戦している。ポストコロニアルのおかげで私たちは、「これまでの国民に収斂されてきた帝国主義的物語の、脱中心化され、ディアスポラ的で、グローバルな書き直しを可能にする本質的に国家横断的で文化横断的な「グローバル」な過程の一部」として、植民地主義を再考することができる。「「グローバル」とは普遍的という意味ではないが、しかし国民にも社会にも収斂されないものである」（WWP: 247）。

「「ポストコロニアル」とはいつだったのか？」における入り組んだ理論展開は、「多民族イギリスの将来」に関するラニーミード委員会のメンバーとして行ったホールの最新の仕事の中で、もっとわかりやすい現実的な方向性を示していた（『多民族イギリスの将来――パレク報告』（二〇〇〇）参照）。パレク報告は一九九八年から二〇〇〇年にかけてホールが「多文化な問題」と呼ぶものに関して行ってきた大規模な研究の一部である。ホールによれば、「多文化主義は疲れきった濫用されすぎたカテゴリーだが、再考してみれば、そこには私たちの規範にとらわれた常識化された政治的仮想に大きな風穴を開ける種がある」という（TMQ: 1）。ホールは、例えばスティーヴン・ローレンス事件〔一九九三年、ロンドン南東部エルサムでバスを待っていた黒人青年スティーヴン・ローレンスが、白人の若者数人に殺された。この事件に対する警察や裁判所の対応の不十分さは「制度的人種差別」といわれた〕の調査、連合王国やヨーロッパで高まる人種間緊張、一九九八年のウィンドラッシュ就航五十周年記念〔一九四八年、戦後初めてのカリブ諸地域からの大量の移民を運んだウィンドラッシュ号の就航五十年に際して、多くの記念行事が行われた〕にまつわる祝祭気分などを引きながら、多文化主義の議論の重層状況的な重要性を指摘している。そうすることでホールは、多文化主義は未解決の異論含みの問題であることを明らかにする。一方で「クール・ブリタニア」のようなニュー・レイバーによるかりそめのスローガンに想像されているような国民生活の中で、イギリスの黒人やアジア人の共同体が次第に目に見える存在となっていくに連れて、ホールが「多文化主義の嵐」と呼ぶものが出現している。他方では、犯罪に厳しく、犯罪の原因にも厳しくといった、サッチャリズム的な「常識的取締り」のようなものが回帰していると、ホールは述べている。

「ポストコロニアル」に対してもそうだったように、ホールは多文化主義を「抹消線の下」に置くことから始める。彼はこの言葉を「形容詞的」に用いることで、異種混交的な社会の出現にともなう文化編成と政治的ディレンマを記述する。そうすることでホールは、多文化社会を「運営する」ために展開されてきたさまざまな戦後の政策を取り上げるために、多文化主義の「実体論的」な用法から距離を取るのである。第五章でみたような十年前に彼が始めて取り上げたグローバライゼーションに関する論争に立ち戻るならば、差異は同質性と同じくらい現代社会を特徴付けているものである。多文化は、政策決定でも生活様式の選択でも「人生なんてご自由にといわんばかりの北欧風のバイキング料理みたいなものだ」式のハイブリディティでもなく、「文化的翻訳の避けがたい過程」(TMQ: 6) なのである。

まとめ

本章では伝統的な「アイデンティティ政治」を乗り越え、それに代わる「アイデンティティをめぐる政治」を提唱するホールを考察してきた。伝統的なアイデンティティ政治が特定の文化的集団や共同体への一〇〇パーセントの献身と同一化を求めるのに対して、ホールのアイデンティティをめぐる政治は差異、自己再帰性、偶発性に主眼を置いている。本章はホールの論文「新しいエスニシティ」を参照しながら、このような従来とは異なるアイデンティティの概念が、黒人イギリス人の状況にどのように分節化されてきたのかを検討してきた。ホールの論文が明らかにしているのは、戦後期の黒人の文化生産において、「真正性」を重視してきた模倣的現実主義から、アイデンティティの構築性を前景化するより自己再帰的な表象様式へと、表象の責務が推移しているということである。リントン・クウェシ・ジョンソンやハニフ・クレイシの作品の考察を通じて、アイデンティティをめぐる政治における変遷と表象の政治における変遷との照応を追及した。最後に本章は、ホールの最新の取り組みであるポストコロニアリズムと多文化主義に関する論争について考察した。

AFTER HALL

ホール以降

『スチュアート・ホール――カルチュラル・スタディーズにおける批判的対話』（Morley and Chen 1996）と『保証なきもの――スチュアート・ホールを讃えて』（Gilroy *et al.* 2000）というホールに関する二冊の重厚な論文集は、カルチュラル・スタディーズの成立と展開に対するホールの影響を克明に記している。『スチュアート・ホール』はホールによる論文やインタヴューの中でも必須なものを収録するだけではなく、それに加えて彼の思考を拡張したりまたは批判的に考察している論考を集めたものである。これは今のところホールのこれまでの仕事を集めた最も重要で意欲的な記録となっており、ホールやカルチュラル・スタディーズを学ぶ学生が避けては通れない書物となっている。

『保証なきもの』は、編集者たちが「何世代もの研究者を鼓舞し続ける人物」と呼ぶホールを讃え、新たに書かれた論文からなる同じように豪華な論文集である。ガヤトリ・スピヴァク、ジェームズ・

ポール・ギルロイ、ロバート・ヤングといった研究者を代表とするポストコロニアル研究への影響を、それ以前のホールの論文を振り返って見直すとき、彼らの思考にホールの思考が与えた影響力を否定することはできない。

クリフォード、ドリーン・マッシー、ジュディス・バトラー、ウェンディ・ブラウン、ヘンリー・ジロー、ショーン・ニクソンなどが寄稿しているこの書物は、戦後の批判的思想家たちの間にホールが与えた、見過ごすことのできない影響力の証明でもある。ポストコロニアル研究、文化人類学、地理学、フェミニズム、政治学、教育学に社会学と、それぞれの分野で活躍するこれらの思想家たちは、ホールの思考がカルチュラル・スタディーズに留まらない重要な影響力を持っていると論じている。

この二つの論文集の編集者や寄稿者の中には、四十年以上にわたる教員生活を経て一九九七年にオープン・ユニヴァーシティを退職したホールのかつての学生たちがいる。ホールの遺産はおそらく、彼が現代文化研究センターやオープン・ユニヴァーシティで教え、ともに働いた、彼よりも若い世代の同僚や大学院生たちの間に最も如実に現れているだろう。ローレンス・グロスバーグ、チャス・クリッチャー、ポール・ウィリス、ポール・ギルロイ、アンジェラ・マクロビー、ディック・ヘブディジ、イアン・チェインバース、ヘーゼル・カービー、シャルロッテ・ブランドゥスン、トニー・ベネット、デヴィッド・モーリーなど、その多くは今日国際的に著名な研究者である。彼らは皆イギリス国内外を問わず、次世代のカルチュラル・スタディーズのための課題を設定するために重要な役割を果たしてきた。彼らの思考の多様な立場を単一の影響力のせいにするのは間違ってはいるが、ポピュラー・カルチャー、人種、エスニシティ、若者文化、メディアとポピュラー・カルチャーなどの分野にわたるホールの中心的な関心が、彼らによって取り上げられ展開されてきたことは否定できない。

『保証なきもの』も『スチュアート・ホール』も多くの国々から寄稿されていることは、ストラトンとアンがこうした問題に関する見事な論考で述べているように（Stratton and Ang 1996）、イギリス国外での現代文化研究の国際的な視野と、次第に高まるホールの名声を表している。一九八〇年代、九〇年代のカルチュラル・スタディーズの急速な制度化と、連合王国内外、特に合衆国とオーストラリアでの学術領域化は、この分野と中心的な理論や思想家たちの集中的な再評価を誘発した。このような流れの中で、カルチュラル・スタディーズの正統な歴史のようなものが立ち現れ、その中でディアスポラ的知識人としてのホールが「不可思議なシニフィアン」と呼ぶ、「バーミンガム学派」や「ブリティッシュ・カルチュラル・スタディーズ」などという言い回しが、この分野の虚偽の統一性や一貫性を表すかのような危険を伴うようになっている。このような正統な歴史の中では、スチュアート・ホールは創設の中心人物として明白な最重要性を与えられ、カルチュラル・スタディーズ全体の経歴の同義語以外の何ものでもないかのように扱われる。ある批判者が言うには、カルチュラル・スタディーズは「［ホール］自身の自伝的かつ知的起源によって固有の輪郭を与えられる」（Inglis 1993: 81）。ホールの仕事をこのように評価することには十分な理由がある一方で、そうすることによって、カルチュラル・スタディーズや暗にホール自身の状況と地位とに関して、近年研究者の間で起きている敵対的な論争が隠蔽されてしまうのである。

中にはホールがある種の保証として、カルチュラル・スタディーズの政治的証拠として、その過去の達成と信頼性の記号として機能していると批判するものもいる。また、たとえその影響力による間接的なものではあっても、ホールの仕事が表層的な形式の「文化的ポピュリズム」にしかならない経験的かつ社会学的厳密性を欠いた、非政治化された文化分析の方法を生み出してしまったというものもいる。後者のような非難はカルチュラル・スタディーズの制度的「成功」に対する反動として、次第に強力になっていった。

一九九八年、デヴィッド・モーリーはカルチュラル・スタディーズにその批判者たちから向けられた最も過酷な批判を次のようにまとめた。

カルチュラル・スタディーズの伝記は「守護聖人の、スーパースターの、福音伝道師と狂信的信者の」物語だそうだ。「内向的なナルシシズム」と「自分の軌跡を公に再検証することへの」強迫観念、それに「自らの一生への高まる恍惚感」によって特徴付けられ、カルチュラル・スタディーズ……は「青春期の非凡な才能による青臭い思い出話としての魅力や内容に満ちている」。またはバーカーとビーザーの言葉を借りれば、自己中心的な「サッカー選手が二五歳で……自分の自伝をせっせと書いているようなもの」だというわけだ。（Morley 1998: 484）

ナルシシズムだという非難に加えて、モーリーはカルチュラル・スタディーズが抵抗やポピュラー・カルチャーの無批判な理解やサッチャリズムとの共犯性による反啓蒙主義、非政治化されたポストモダンな相対主義との相乗りなど、ホールがさまざまなところで暗示していたような批判を受けたと述べている。このような嵐のような非難をそれぞれ明らかにしながらモーリーは、そうした非難が社会学、人類学、政治経済学、「議会政治の「現実世界」、揺ぎ無い事実、経済的真実などという伝統的な主題への回帰をより一般的に要求している」と考察する（Morley 1998: 489）。モーリーによればこのような議論を支えているのは、道を見失い最後には行き詰まる進化の物語としてカルチュラル・スタディーズをとらえる目的論的もしくは線状的理解である。

このような排外的正統性の継承に抗してモーリーが参照するのは、「一九七〇年代にバーミンガムで何が起きていたかを語る際に欠かすことのできないのは、「社会学に対して社会学的問題を突きつける」ことだった」と常に述べていたホールの仕事である（Morley 1998: 479）。ホールのアプローチは

CULTURAL POPULISM

文化的ポピュリズム

なかなか適格に定義されることはないが、現代文化研究とその浮き足立った無批判なポピュラー・カルチャー観とみなされているものを軽蔑的に評価するために用いられる言葉（Frith and Savage 1993）。重要なことにこの言葉は、ホールのニュー・タイムスのプロジェクトとの関係で用いられ、それが消費に重点を置きすぎておりサッチャリズムと共鳴する危険があると非難された（こうした批判を見事にまとめた McRobbie 1996 を参照）。文化的ポピュリズムの他に追随を許さない見事に洗練され説得力ある批判は、今のところジム・マッギガンの『文化的ポピュリズム』（一九九二）である。これはむき出しの非難ではなく「同情的な批判」という方向からこの言葉を用いており、ホールをその「最も雄弁にして信頼にたる解釈者」とみなしている（McGuigan 1992: 33-42 を参照）。

「多次元」で対話的だった（Morley 1998: 493）。それはある立場から次の立場へという一方通行のやり方ではなく、「古いものへの新しい洞察」である。このようなモーリーの説明によれば、ホールの思考自体がカルチュラル・スタディーズの正統的な物語を生産的に破壊してくれるかもしれないのだ。

ホールの理論的遺産

ホール自身は「カルチュラル・スタディーズとその理論的遺産」（一九九二）という重要な論文の中で、カルチュラル・スタディーズの国際的制度的勃興とそこでの自分自身の立場について考察している。この論文の内容は元々、イギリスと合衆国でカルチュラル・スタディーズという分野が一つの学術領域として次第に専門化されつつあった一九九〇年代の初頭に、イリノイで開かれた国際学会で報告されたものである。退職する以前から合衆国へ移らないかという魅力的な要請をいくつも断ってきたホールは、このような専門化をカルチュラル・スタディーズが正統や自己充足的な学術領域となって政治的介入のできなくなる形式的理論に陥ってしまうような、「かつてないほどに根本的な危険」と表現している。このホールの指摘はまた、カルチュラル・スタディーズに迫る制度化の危険が彼自身の仕事に影響しているということを示唆している。つまり、ホールの仕事がカルチュラル・スタディーズの正史の一部となってしまう危険にさらされているということである。その学会での基調講演者としての彼の存在自体が、カルチュラル・スタディーズの起源であり「創設の父」としての彼の神話的地位を前提とするものだということを、ホールは暗に示唆しているのである。

この論文は、カルチュラル・スタディーズが行き詰っており、その打開のために起源探しをしているという見解を受け入れはしない。ホールは、彼が「知りうる限り本来それをあるべき姿へと戻すために取り締まろうとする、カルチュラル・スタディーズの良心たらんとする」ことを否定する。実際ホールは、次から次へと英雄的に突き進むのではなく、しばしば妥協不可能な批判的立場をいくつも掛け持ちながら、モーリーが多次元性と呼ぶものを重視して起源を否定し続けているのである。序論「なぜホールなのか？」において私たちは、スチュアート・ホールが彼やカルチュラル・スタディーズの軌跡を再検証するためではなく、カルチュラル・スタディーズという「大きな物語」と彼が非難含みに呼ぶものを破壊し脱中心化するために、どのように自叙伝を戦略的に用いているのかを見てきた。現代文化研究の「理論的流暢さ」や「過剰なテクスト化」に抗して、ホールは理論との「レスリング」や「中断としての理論」という比喩を好んで用いる。ここでの理論とは、「対話的に論議されねばならない、異議を突きつけられ、文脈化された重層状況的な知識の集積」という意味である（CSTL: 286）。もしもホールが、今日の現代文化研究の制度化された議論の中で「再生された過去の精神」となることがあるのであれば（CSTL: 277）、彼の最も生産的な遺産はおそらく、この次第に「確立」されつつある分野の攪拌を求める彼の要求にあるだろう。

FURTHER READING
読書案内

現在ホールの著作全てを網羅した文献リストは存在していない。しかし時代順（一九五八―九四）に整理された見事な「進行形の文献リスト」が、デヴィッド・モーリーとチェン・クワン・シン〔陳光興〕によって編集された『スチュアート・ホール――カルチュラル・スタディーズにおける批判的対話』（〔*Stuart Hall: Critical Dialogues in Cultural Studies*, London: Routledge, 1996〕）に収められている。

スチュアート・ホールの著作

単行本

• Stuart Hall with Paddy Whannel (1964) *The Popular Arts*, London: Hutchinson.〔パディー・ワネルとの共著『ザ・

ポピュラー・アーツ』〕

この書物はホールの文化主義者時代を代表するものである。批判的に読むと、これは依然として戦後大衆文化の細かな分析を含む思慮深く魅力的なテクストである。教材として利用されるための充実した練習問題を含む「教育のためのプロジェクト」と題された重厚な最終節を参照。

——with T. Jefferson (eds) (1976) *Resistance through Rituals: Youth Subcultures in Post-war Britain*, London: Hutchinson.〔T・ジェファーソンとの共編著『儀礼による抵抗——戦後イギリスにおける若者サブカルチャー』〕

現代文化研究センターにおいて実施されたプロジェクトの中でも最も影響力あるものの一つであるこの書物は、ディック・ヘブディジ、アンジェラ・マクロビー、イアン・チェインバースなどいずれカルチュラル・スタディーズの先導者となるべき批評家たちの論考を収録している。ホールの仕事について学びたい学生に最も有用な部分は、'Subculture, culture, class'〔「サブカルチャー、文化、階級」〕と題された長い序論である。そこでホールたちは、若者たちがスタイルを通じてその階級的存在をどのように折衝するかという観点からサブカルチャーを定義している。この論文に続いて、『危機を取り締まる』で重点的に論じられることになる点を引き出している、現代文化研究センターのマギング研究グループによるいくつかの「ノート」が収録されている。この「ノート」はたった四ページの長さだが、四〇〇ページにわたる『危機を取り締まる』を読むことになったら、手元に置いておくとよいだろう。また、一九七二年にハンズワースで起きたマギングへのセンターとしての最初の対応である***20 Years***〔『二〇年』〕というパンフレットからの引用を含む、チャス・クリッチャーによる 'Structures, cultures and biographies'〔「構造、文化、自伝」〕も参照。

——with C. Critcher, T. Jefferson, J. Clarke and B. Roberts (1978) *Policing the Crisis*, London: Macmillan Press.〔C・クリッチャー、T・ジェファースン、J・クラーク、B・ロバーツとの共著『危機を取り締まる』〕

多くの批評家たちが、この書物を現代文化研究センターにおけるプロジェクトの中で最も意欲的で成功を収めたものとみなしている。本書は各章ごとにマギングの実際の様子から始まり、マギングというラベルの出現、そのラベル構築に関与するメディアと警察の役割、国家ヘゲモニーの全般的危機の転移効果として立ち現れるマギングへと論を進めていく。『危機を取り締まる』は、（サッチャーが政権を握る以前に！）すでにサッチャリズムの出現と戦後の合意の崩壊を確証していたという点で予見に満ちている。ブレア政権の「犯罪には厳しく、犯罪の原因にも厳しく」という主張をご存知のイギリスの読者には特におなじみの、犯罪の常識的概念への挑戦という意味で、本書から今日学ぶべきものは依然として多い。

——with B. Lumley and G. McLennan (eds) (1978) *On Ideology*, London: Hutchinson.〔B・ラムリーとG・マクレナンとの共編著『イデオロギーについて』〕

現代文化研究センターの論集の中で最も「理論的」でそれゆえ最も「難解」だと思われているこの本には、ホールによる'The hinterland of science: ideology and the "sociology of knowledge"'〔「科学の後背地——イデオロギーと「知識の社会学」」〕と共著による'Politics and Ideology: Gramsi'〔「政治とイデオロギー——グラムシ」〕が収められている。

———with D. Hobson, A. Lowe and P. Willis (1980) *Culture, Media, Language: Working Papers in Cultural Studies*, London: Hutchinson.〔D・ホブソン、A・ロウ、P・ウィリスとの共編著『文化、メディア、言語——カルチュラル・スタディーズ研究論集』〕

冒頭に収められた「カルチュラル・スタディーズとセンター——いくつかの問題構成と問題」を始め、ホールの重要な論文をいくつも収録している。第八章でホールは現代文化研究センターのメディア研究グループの展開を追う一方、第十二章では映画論の雑誌である *Screen*〔「スクリーン」〕のポスト構造主義的な理論展開を批判している。

———(1988) *The Hard Road to Renewal: Thatcherism and the Crisis of the Left*, London: Verso.〔『刷新への困難な道のり——サッチャリズムと左翼の危機』〕

これより以前に出版された *The Politics of Thatcherism*〔『サッチャリズムの政治』(一九八〇)〕よりも包括的な論集である。ホールによる見事な序論は、サッチャリズムに関する彼の主要な論点、グラムシとラクラウからの理論的影響、彼の立場への批判の評価とそれへの説得力ある反論をまとめている。

———with Martin Jacques (eds) (1989) *New Times: The Changing Face of Politics in the 1990s*, London: Lawrence & Wishart.〔マーティン・ジャックスとの共編著『ニュー・タイムス——一九九〇年代における政治的様相の変容』〕

両編者による序論に加え、ホールの 'The meaning of New Times'〔「ニュー・タイムスの意味」〕およびデヴィッド・ヘルドとの共著である 'Citizens and citizenship'〔「市民と市民権」〕を収録。ホール自身の関心にも重複する争点を扱っている他のニュー・タイムス・プロジェクトの論考には、ロビン・マレィの

'Fordism and post-Fordism'〔「フォーディズムとポスト・フォーディズム」〕やディック・ヘブディジによる 'Aftr the masses'〔「大衆以降」〕、フランク・モーの 'The politics of consumption'〔「消費の政治学」〕などがある。

——(ed.) (1997) *Representation: Cultural Representations and Signifying Practices*, London: Sage Publications.〔編『表象——文化表象と意味作用の実践』〕

オープン・ユニヴァーシティのコースD318「文化、メディア、アイデンティティ」の教科書として書かれたこの本には、ホールの二つの論文 'The work of representation'〔「表象の作用」〕と 'The spectacle of the "Othor"'〔「「他者」という見世物」〕が収められている。前者はホールに影響を与えた構造主義とポスト構造主義の理論や本書第六章でも触れた表象の理論への見事な入門である。後者もまたそのような理論を本書第四、六章でそれぞれ取り扱った人種と差異に関する論争との関係で展開している、わかりやすい紹介である。オープン・ユニヴァーシティとの関係でホールが出版したその他の有効なテクストには以下のものがある。Hall *et al.* (eds) *Formations of Modernity* (1992) Cambridge: Polity Press〔ホール他編『モダニティの編成』〕、Hall *et al.* (eds) Modernity and its Future (1992) Cambridge: Polity Press〔ホール他編『モダニティとその未来』〕、P. du Gay *et al.* (eds) *Doing Cultural Studies: The Story of the Sony Walkman* (1997) London: Sage.〔P・ドゥ・ゲイ編『**実践カルチュラル・スタディーズ——ソニー・ウォークマンの戦略**』暮沢剛巳訳、大修館書店、二〇〇〇〕、K. Thompson (ed.) *Media and Cultural Regulation* (1997) London: Sage.〔K・トンプソン編『メディアと文化規制』〕。

論文

——(1958) 'A sense of classlessness', *Universities and New Left Review* 1 (5): 26-32.〔「無階級の感覚」〕

おそらくホールによる最も影響力あるニュー・レフト的な試論。戦後の労働者階級共同体における消費態度の変容を分析し説明したもの。ホールのマルクスや経済決定論の問題への批判的接点が明らかになっている。本文に添えられた長い注釈は特に有用である。

——(1972) 'The determination of news photographs', *Working Papers in Cultural Studies* 3, pp.53-88.〔「ニュース写真の決定」〕

バルトの影響が明らかな構造主義的記号論へのホールの取り組みを最もよく示すもの。

——(1973) 'Encoding and decoding in the media discourse', *Stencilled paper* 7, pp.1-20.〔「メディア言説のエンコーディング／ディコーディング」〕

ホールによるもはや古典とも言える論文。マルクス主義的構造主義を用いてこの論文が取り組んでいるのは、メディア言説は過剰に決定されている現場であり、そこで意味はあらかじめ現前しているのではなく、生産としてのエンコーディング、流通、消費としてのディコーディングを契機として社会的に構築されるということである。明示的意味と暗示的意味や、優先的、折衝的、対抗的読解などの重要概念を具体化した論文である。

——(1974) 'Deviance, politics, and the media', in P.Rock and M.McIntosh (eds) *Deviance and Social Control*, London: Tavistock Publications, pp.261-305.〔「逸脱、政治、メディア」〕

逸脱理論が初期のホールに与えた影響を示す論文。『儀礼による抵抗』や『危機を取り締まる』への有効な入門書となる。また一九六八—九年にかけての学生反乱に関するメディア報道を鮮やかに分析している。

——(1978) 'Racism and reaction', in *Five Views of Multi-Cultural Britain*, London: Commission on Racial Equality, pp.23-35.〔「人種差別と反動」〕

『危機を取り締まる』への当面の最良の入門テクスト。

——(1980) 'Cultural studies: two paradigms', *Media, Culture and Society* 2: 57-72.〔「カルチュラル・スタディーズ——二つのパラダイム」〕

いわゆる文化主義と構造主義との分断を深く考察したもの。この論文はこの二項対立を成功裏に乗り越えていることが何よりも重要である。

——(1980) 'Encoding/decoding', in *Culture, Media, Language*, London: Hutchinson, pp.128-38.〔「エンコーディング／ディコーディング」〕

「メディア言説のエンコーディング／ディコーディング」(一九七三)も参照。

——(1980) 'Cultural studies and the centre: some problematics and problems', in *Culture, Media, Language*, London: Hutchinson, pp.15-47.〔「カルチュラル・スタディーズとセンター——いくつかの問題構成と問題点」〕

ホールがオープン・ユニヴァーシティへと移籍する時点で書かれた詳細な価値ある論考で、現代文化研究センターの理論的かつ制度的発展を振り返っている。

——with I. Connell and L. Curti (1981) 'The "unity" of current affairs television', in T. Bennett (ed.) *Popular Television and Film*, London: The Open University, pp.88-117.〔I・コネルとL・カーティとの共著「時事番組における「統一性」」〕

ホールの論文「エンコーディング／ディコーディング」で初めて目指された立場に依拠している。イギリスのニュース番組「パノラマ」に焦点を当て、「バランス」や「公平性」といったニュース価値が優先的な意味を減じるのではなく、実はそれを生み出していると論じている。

——(1981) 'The whites of their eyes: racist ideologies and the media', in G.Bridges and R.Brunt (eds) *Silver Linings: Some Strategies for the Eighties*, London: Lawrence and Wishart, pp.28-52.〔「やつらの目の白目——人種差別イデオロギーとメディア」〕

ホールによるテレビ番組「そんなの半分も人種差別じゃないよ、ママ」（一九七九）について主に考察した論文で、人種差別とメディアについての力強い記述である。「メディアにおける反人種差別キャンペーン」（CARM）の一環として書かれたこの論文は、「反人種差別的ポピュラー・ブロック」とでも呼べるものを創造するために必要なものを考察しようというグラムシ的な試みである。

——(1981) 'Notes on deconstructing "the popular"', in R. Samuel (ed.) *People's History and Socialist Theory*, London: Routledge, pp.227-40.〔「「ポピュラー」を脱構築するための覚書」〕

この論文はグラムシのヘゲモニー概念を援用して、人民という概念を、支配文化と従属文化との闘争の現場であり、勝ち取られるべき関係的な概念として歴史化しようとするものである。

——(1982) 'The rediscovery of "ideology": return of the repressed in media studies', in M. Gurevitch, T. Bennett, J. Curran and J. Woollacott (eds) *Culture, Society and the Media*, London: Methuen, pp.56-90.〔「「イデオロギー」の再発見——抑圧されしものの回帰」〕

カルチュラル・スタディーズの研究におけるイデオロギーとその「再発見」に関するこれぞホールといった感のある研究。

——(1985) 'Signification, representation, ideology: Althusser and the post-structuralist debates', *Critical Theories of Mass Communication* 2 (2): 91-114.〔「意味作用、表象、イデオロギー——アルチュセールとポスト構造主義論争」〕

『マルクスのために』と『資本論を読む』の利点・難点を記述した、ホールによるアルチュセールの最も詳細で明確な論考（ホールは前者をより有効だと認めている）。また、これ以降ホールが取り組むことになるエスニシティ、ポスト構造主義の批判的応用、自叙伝の戦略的効用を明記しているという意味でも画期的な論考である。

——(1986) 'The problem of ideology: Marxism without guarantees', in D. Morley and K. Chen (eds) *Stuart Hall: Critical Dialogues in Cultural Studies* (1996), London: Routledge, pp.25-46.〔**「イデオロギーという問題——保証なきマルクス主義」**大中一彌訳、『現代思想』一九九八年三月臨時増刊号、青土社〕

ホールによるマルクス主義への批判的な、しかし継続的な取り組みを具体化している論考。

——(1987) 'Minimal selves', in *Identity: The Real Me*, ICA Documents 6, pp.44-6.〔「最小限の自己」〕

ホールの「新しいエスニシティ」への有効な「注釈」として読める短いが重要な論考。

——[1988] (1996) 'New ethnicities', in D. Morley and K. Chen (eds) *Stuart Hall: Critical Dialogues in Cultural Studies*, London: Routledge, pp.441-9. 〔「**新しいエスニシティ**」(「**ニュー・エスニシティズ**」) 大熊高明訳、『現代思想』一九九八年三月臨時増刊号〕

現代の黒人の文化生産に関わる議論に対して、ホールによるおそらくは最も影響力を持つ論文。この画期的な論文はそもそも、一九八〇年代に起きたアイデンティティと表象の政治における転換を暫定的に概説するために書かれたものである。

——(1989) 'The "first" New Left: life and times', in Oxford University Socialist Group (ed.) *Out of Apathy: Voices of the New Left Thirty Years On*, London: Verso, pp.11-38. 〔「「最初の」ニュー・レフト——生き様と時代」〕

このホール自身によるニュー・レフト時代の最も詳細な省察は、感動的ですらある。

——(1991) 'The local and the global: globalization and ethnicity', in A. King (ed.) *Culture, Globalization and the World-System: Contemporary Conditions for the Representation of Identity*, Basingstoke: Macmillan, pp.19-39. 〔「**ローカルなものとグローバルなもの——グローバライゼーションとエスニシティ**」山中弘・安藤充・保呂篤彦訳、『文化とグローバル化——現代社会とアイデンティティ表現』玉川大学出版部、一九九九、所収〕

この論集は本論文の議論を発展させた 'Old and new identities, old and new ethnicites' 〔「古いアイデンティティと新しいアイデンティティ、古いエスニシティと新しいエスニシティ」〕も収めている。この二つの生き生きした活力ある論考は、第五章で検討したホールのニュー・タイムスのプロジェクトと、第六章で見たエスニシティとしてのアイデンティティに関する彼の仕事とのつながりを理解するために有効な論点を提供してくれる。

——(1992) ‘What is this “black” in black popular culture?’, in Gina Dent (ed.) *Black Popular Culture*, Seattle: Bay Press, pp.21-33.〔「黒人ポピュラー・カルチャーの「黒さ」とは何か?」〕

この論文でホールは、これより十年も前に「「ポピュラー」の脱構築に関する覚書」の中で示した「ポピュラー」のグラムシ的な読解を、バフチンのカーニヴァレスク論の再読に組み合わせて披露している。階級から「人種」へと視点を移しながら、ホールは黒人の大衆文化を矛盾に満ちた空間として、協働性の現場であるとともに潜在的な政治的介入の地点としてとらえる。ホールはスタリブラスとホワイトによる『境界侵犯——その詩学と政治学』(一九八六)を参考にしてバフチンを援用しているが、この点についての詳細な議論は ‘For Allon White: metaphars of transformation’〔「アロン・ホワイトのために——変革のメタファー」〕(一九九三)を参照のこと。ホールによる二つの論文はともに、ラウトレッジ社のD・モーリーとK・チェン編『スチュアート・ホール——カルチュラル・スタディーズにおける批判的対話』に収録されている。

——(1992) ‘Cultural studies and its theoretical legacies’, in L. Grossberg, C. Nelson and P. Treichler (eds) *Cultural Studies*, New York: Routledge, pp.277-94.〔「カルチュラル・スタディーズとその理論的遺産」〕

この重要な論文は何度も他の本に採録されているが、本論の後に質疑応答が収録されているこの版を手元に置いておくことをお勧めする。この論文はカルチュラル・スタディーズの歴史をこの分野の現状に照らして再考するものである。

———(1992) 'The question of cultural identity', in S. Hall, D. Held and T. McGrew (eds) *Modernity and its Future*, Cambridge: Polity Press, pp.274-316.〔「文化的アイデンティティの問題」〕

グローバライゼーション、ポストモダニズム、主体性に関する本書第五章での議論に関連して、この論文は読みやすく簡潔なアイデンティティについての説明を提供してくれる。

———(1992) 'Race, culture, and communications: looking backward and forward at cultural studies', *Rethinking Marxism* 5 (1): 10-18.〔「人種、文化、コミュニケーション――カルチュラル・スタディーズにおける来し方行く末を考える」〕

イギリスのカルチュラル・スタディーズの出現と人種との関係に関する輝かしい考察。

———(1993) 'Cultural identity and diaspora', in P. Williams and L. Chrisman (eds) *Colonial Discourse and Post-colonial Theory*, London: Harvester Wheatsheaf, pp.392-401.〔**「文化的アイデンティティとディアスポラ」**小笠原博毅訳、『現代思想』一九九八年三月臨時増刊号〕

一九八九年に「フレームワーク」誌に発表された「文化的アイデンティティと映像表象」のより入手しやすい版。この論文の中でホールは、アイデンティティを考えるための二つの思考法を区別する。それは類似性と継続性としてのアイデンティティと、差異と断絶としてのアイデンティティである。前者は「本質主義的」にアイデンティティを考え、後者は「文化的」に考える。ホールはアイデンティティについてのこのような二つの代替的な思考法を歴史化しているのであって、どちらかがどちらかよりもより「進歩的」であるということではなく、それぞれの特定的な歴史的文脈に位置づけられれば、それぞれがともに有効であり有意義であるということを提示しているのである。これこそホールの議論の強みなのだ。

——(1996) 'Introduction: who needs "identity"?', in S. Hall *et al.* (eds) *Questions of Cultural Identity*, London: Sage, pp.1-17.〔**「序論——誰が「アイデンティティ」を必要とするのか?」**柿沼敏江・佐復秀樹・林完枝・松畑強・宇波彰訳、『文化的アイデンティティの諸問題——誰が「アイデンティティ」を必要とするのか?』大村書店、二〇〇一〕

フロイト、ラカン、バーバの精神分析、フーコーの言説、ローズやバトラーのフェミニズムなどとの関係から主体性についての不可欠な理論的議論を振り返りながら、アイデンティティのポスト構造主義的な読解を、ポスト構造主義にも関わらず政治的に堅固なものとして提示した論文。

——(1996) 'When was "the post-colonial"? Thinking at the limit', in I. Chambers and L. Curti (eds) *The Post-colonial Question: Common skies, Divided Horizons*, London: Routledge, pp.242-60.〔**「「ポストコロニアル」とはいつだったのか?——限界域で考える」**小笠原博毅訳、『思想』二〇〇二年一月号、岩波書店〕

深遠かつ微妙なニュアンスを加味した「ポストコロニアル」という概念の検討。ホールにおいて次第に大きくなるポスト構造主義の影響を明らかにしている。「限界域で考える」とはホールがデリダから借用した言葉。

——(1996) 'For Allon White: metaphors of transformation', in D. Morley and K. Chen (eds) *Stuart Hall: Critical Dialogues in Cultural Studies*, London: Routledge, pp.287-305.〔「アロン・ホワイトのために——変革の比喩」〕

現代文化研究センターでホールの大学院生の一人であったアロン・ホワイトの死後、彼に捧げられた論考。ホワイトはピーター・スタリブラスとともに『境界侵犯――その詩学と政治学』（一九八六）を出版している。これはバフチン的な民衆的なものの概念を再生させる、ヨーロッパ文化における「高」と「低」という象徴的カテゴリーに関する、後世に多大な影響を与えた研究である。ホールはこの論文の中で、大衆文化に関する彼自身の思考の展開を具体化しながら、スタリブラスとホワイトの書物を紹介している。

――(1997) 'Subjects in history: making diasporic identities', in W. Lubiano *The House that Race Built*, New York: Pantheon Books, pp.289-99.〔「歴史における主体――ディアスポラ的アイデンティティを作る」〕

合衆国での講演を元にしたテクストで、政治闘争の現場としての文化と、合衆国とイギリスのディアスポラ的アイデンティティの違いについて、ホールが提供する最も鮮明な説明の一つ。

――(1998) 'The great moving nowhere show', *Marxism Today* November/December: 9-14.〔「あまりにも感動的で行き場のない見世物」〕

'The great moving Right show'〔「あまりにも感動的で正しい＝右向き《ライト》の見世物」〕のような論考で語りきれなった部分を取り上げたもの。サッチャリズムとトニー・ブレアの下でのニュー・レイバーの政治プロジェクトの継続性を検証している。

• Bromley, R. (1992) 'Interview with Professor Stuart Hall', in J. Munns, G. Rajan and R. Bromley (eds) *A Cultural Studies Reader*, London: Longman, pp.659-73.〔R・ブロムリー「スチュアート・ホール教授とのインタヴュー」〕

ニュー・レフト、現代文化研究センター、アメリカのカルチュラル・スタディーズとの連動についての有意義な考察。

――(1993) 'Reflections upon the encoding/decoding model: an interview with Stuart Hall', in J. Cruz and J. Lewis (eds), *Reading, Listening: Audeinces and Cultural Reception*, Boulder: Westview Press, pp.253-74.〔「エンコーディング／ディコーディングモデルについての省察――スチュアート・ホールとのインタヴュー」〕

ホールの「エンコーディング／ディコーディング」論文が書かれた背景を明らかにするような、新しい発見のあるインタヴュー。この論文を基本的には擁護しながら、いくつかの点で譲歩も見せている。エンコーディング／ディコーディングの議論をアップデートするもの。

――(1996) 'The formation of a diasporic intellectual: an interview with Stuart Hall by Kuan-Hsing Chen', in D. Morley and K. Chen (eds) *Stuart Hall: Critical Dialogues in Cultural Studies*, London: Routledge, pp.484-503.〔**「あるディアスポラ知識人の形成――陳光興によるスチュアート・ホールとのインタヴュー」**小笠原博毅訳、『思想』一九九六年一二月号〕

充実した長編インタヴュー。ディアスポラやエスニシティに関するホールの最近の著作と合わせて読む価値のある、自伝的要素を多く含んだ素晴らしいインタヴューである。インタヴューの最初にはニュー・レフトと現代文化研究センターでのホールの活動について詳細な背景説明がある。

• Grossberg, L. (1966) 'On postmodernism and articulation: an interview with Stuart Hall', *Journal of Communication Inquiry*, in D. Morley and K. Chen (eds) *Stuart Hall: Critical Dialogues in Cultural Studies*, London: Routledge, pp.131-50.〔「ポストモダニズムと節合について——ステュアート・ホールとのインタヴュー」甲斐聰訳、『現代思想』一九九八年三月臨時増刊号〕

ポストモダンやポスト構造主義に関する論争にホールが自らの立場を位置づけている、活気あるエネルギーあふれるインタヴュー。ボードリヤールやリオタールなどへの厳しい評価や節合概念の定義などを含む。

• Osborne, P. and Segal, L. (1997) 'Culture and power: interview with Stuart Hall', *Radical Philosophy* 86: 24-41.〔P・オズボーンとL・シーガル「文化と権力——スチュアート・ホールとのインタヴュー」〕

ホールのインタヴューの中でも最も啓発的なものの一つ。特にグラムシ、アルチュセール、ラクラウの著作に照らしてイデオロギーを論じている箇所は圧巻。

• Phillips, C. (1997) 'Interview with Stuart Hall', *Bomb* 58: 38-42.〔C・フィリップス「スチュアート・ホールのインタヴュー」〕

ディアスポラ知識人としてのホールに焦点を当てたもの。

スチュアート・ホールをめぐる研究

• Barker, Martin (1992) 'Stuart Hall, *Policing the Crisis*', in M. Barker and A. Beezer (eds) *Reading into Cultural Studies*, London: Routledge, pp.81-100. 〔マーティン・バーカー「スチュアート・ホール、『危機を取り締まる』」、M・バーカーとA・ビーザー編『カルチュラル・スタディーズ読解』〕

『危機を取り締まる』への思慮深く簡潔な入門書。同時に、バーカーは行為体の不在がホールたちの問題設定の限界だと指摘する。

• CCCS [1982] (1994) *The Empire Strikes Back: Race and Racism in 70s Britain*, London: Routledge. 〔現代文化研究センター『帝国の逆襲——七〇年代イギリスの人種と人種差別』〕

現在はラウトレッジから出版されている『帝国の逆襲』は、一九七〇年代イギリスにおけるヘゲモニーの危機、人種と階級の関係、犯罪者としての黒人の構築と危機管理、そして権威主義といった、ホールたちがそもそも『儀礼による抵抗』や『危機を取り締まる』で取り上げた諸問題を展開させている。序論の中でポール・ギルロイは、この本が「スチュアート・ホールの指導なしでは不可能だっただろう」と述べているが、本の内容はホールの助言をくり返すことにとどまらず、この重要な時代の重厚な再読方法を提供している。

• Gilroy, Paul [1987] (1993) *There Ain't no Black in the Union Jack*, London: Routledge. 〔ポール・ギルロイ『ユニオン・ジャックに黒はない』〕

おそらく戦後イギリスの黒人の文化政治について書かれたものの中で最も重要で影響力ある書物である。一九七〇年代後半から一九八〇年代前半にかけてのホールの人種に関する思考をふんだんに参照している。

———, Grossberg, L. and McRobbie, A. (eds) (2000) *Without Guarantees: In Honour of Stuart Hall*, London: Verso. 〔ギルロイ、L・グロスバーグ、A・マクロビー編『保証なきもの——スチュアート・ホールを讃えて』〕

三四本もの論文を含み、国際的な視野からホールのこれまでの活動をくまなく振り返る、広範囲にわたるテーマを収めた論集。

• Giroux, Henry (2000) 'Public pedagogy as cultural politics: Stuart Hall and the "crisis" of culture', *Cultural Studies* 14 (2): 341-60. 〔ヘンリー・ジロー「文化政治としての公共教育——スチュアート・ホールと文化の「危機」」〕

「公共教育の拡大概念」を発展させるために、大学内外でのホールの教育活動の政治を探求している。

• Harris, David (1992) *From Class Struggle to the Politics of Pleasure: The Effects of Gramscianism on Cultural Studies*, London: Routledge. 〔デヴィッド・ハリス『階級闘争から快楽の政治学へ——カルチュラル・スタディーズへのグラムシ主義の効果』〕

バーミンガムとオープン・ユニヴァーシティでのホールの著作に多数触れているこの本は、ハリスの目にカルチュラル・スタディーズへのグラムシの影響力の限界と映るものに対する、批判的読解である。

• McGuigan, Jim (1992) 'Between the grand old cause and the brand New Times', in *Cultural Populism*, London: Routledge, pp.33-44. 〔ジム・マッギガン「グランド・オールド・コーズとブランド・ニュー・タイムスの間」〕

文化的ポピュリズムの新鮮な解釈。マッギガンはホールをその「最も雄弁で信頼にたる解釈者」と呼ぶ。ホールたちのニュー・タイムスのプロジェクトについても批評を加えている。

• Mercer, K. and Julien, I. (1988) 'De margin and de centre', *Screen* 29 (4): 2-10. Also reprinted in D. Morley and K. Chen (eds) *Stuart Hall: Critical Dailogues in Cultural Studies*, London: Routledge.〔K・マーサーとI・ジュリアン「周辺から、中心から」(「ステュアート・ホールとの対話」)渋谷望訳、『現代思想』一九九八年三月臨時増刊号〕

この論文は新しいエスニシティと「表象の責務」に関するホールの著作の最も重要な展開に触れている。ホールのディアスポラ論を黒人映画の美学に結び付けて具体的に論じている、コビーナ・マーサーの論文集『ウェルカム・トゥー・ジャングル』(一九九四)も参照。

• Morley, D. and Chen, K. (eds) (1996) *Stuart Hall: Critical Dialogues in Cultural Studies*, London: Routledge.〔D・モーリーと陳光興編『スチュアート・ホール――カルチュラル・スタディーズにおける批判的対話』〕

これまで出されたホールの仕事の最も重要な記録であり、対話である。ホールについての秀逸な論考と彼のインタヴュー、およびホール自身の重要論文を収録。

• Rojek, C. (2003) *Stuart Hall*, Cambridge: Polity Press.〔C・ロジェーク『スチュアート・ホール』〕

ホールの著作の詳細な検討。ロジェークはまた、彼がホールの仕事の欠点とみなす点を明らかにしている。利用しやすい文献表つき。

• Smith, Anna Marie (1994) *New Right Discourse on Race and Sexuality*, Cambridge: Cambridge University Press.〔アナ・マリ・スミス『人種とセクシュアリティについてのニュー・ライト言説』〕

サッチャリズム、人種、アイデンティティについてのホールの仕事を発展させた、一九六八年から一九九〇年までのイギリスの人種差別についての見事な研究書。

• Wood, Brennon (1998) 'Stuart Hall's cultural studies and the problem of hegemony', *British Journal of Sociology* 49 (3): 399-412.〔ブレノン・ウッド「スチュアート・ホールのカルチュラル・スタディーズとヘゲモニーの問題」〕

ホールによるヘゲモニー概念の援用は一貫性を欠くと批判する。また、ホールが批判的に捉えているカルチュラル・スタディーズにおける言説論的展開に寄与している。

• Wren-Lewis, Justin (1983) 'The encoding/decoding model: criticisms and redevelopments for research on decoding', *Media, Culture and Society* 5: 179-97.〔ジャスティン・ウレン＝ルイス「エンコーディング／ディコーディング・モデル――批判とディコーディング研究の再建」〕

ホールによるモデルと、特にデヴィッド・モーリーなどによるそのモデルの応用に対する批判的評価。

現代文化研究センターとイギリスのカルチュラル・スタディーズに関する研究

• Dworkin, Dennis (1997) *Cultural Materialism in Postwar Britain – History; the New Left and the Origins of Cultural Studies*, Durham: Duke University Press.〔デニス・ドゥオーキン『戦後イギリスの文化的唯物論―歴史――ニュー・レフトとカルチュラル・スタディーズの起源』〕

ニュー・レフトとカルチュラル・スタディーズの形成に関する包括的で読みやすい説明。これらの歴史とホールの貢献を最も詳細かつ明確にたどっている。

• Green, Michael (1982) 'The Centre for Contemporary Cultural Studies', in P. Widdowson (ed.) *Re-reading English*, London: Methuen, pp.77-90. 〔マイケル・グリーン「現代文化研究センター」〕

現代文化研究センターでのホールの同僚の一人によって書かれたこの短い章は、ホール在任期間のバーミンガム・センターにおけるカルチュラル・スタディーズの政治的文脈と学術的な地位について、特に有益な説明を加えている。

• Miller, Richard (1994) '"A moment of profound danger": British cultural studies away from the centre', *Cultural Studies* 8 (3): 417-38. 〔リチャード・ミラー「「根源的な危機の瞬間」――センターから離れたイギリスのカルチュラル・スタディーズ」〕

オープン・ユニヴァーシティにおけるカルチュラル・スタディーズとホールのそこでの貢献に関する鮮明な説明。

• Morley, David (1998) 'So-called cultural studies: dead ends and reinvented wheels', *Cultural Studies* 12 (4): 476-97. 〔デヴィッド・モーリー「いわゆるカルチュラル・スタディーズ――袋小路と再生の原動力」〕

ホールの著作を用いてカルチュラル・スタディーズに対するバックラッシュが抱く先入観について反論を試みたもの。

• Schwarz, Bill (1994) 'Where is cultural studies?', *Cultural Studies* 8 (3): 377-93. 〔ビル・シュヴァルツ「カルチュラル・スタディーズはどこだ？」〕

ホールを参照しながら、イギリス帝国主義の衰退という側面からカルチュラル・スタディーズを再読する果敢な試み。

・Tester, Keith (1994) 'The problem of cultural studies', in *Media, Culture and Morality*, London: Routledge, pp.8-31.〔キース・テスター「カルチュラル・スタディーズという問題」〕

カルチュラル・スタディーズと、特にホールの仕事における検証の現場としてポピュラーなものを批判的に捉える。テスターはこの批判を通じて、社会学的視点への回帰を促している。

・Turner, Graeme (1990) *British Cultural Studies: an Introduction*, London: Unwin Hyman.〔グレアム・ターナー『カルチュラル・スタディーズ入門――理論と英国での発展』溝上由紀・鶴本花織・成実弘至・毛利嘉孝・大熊高明・野村明宏訳、作品社、一九九九〕

カルチュラル・スタディーズへのホールの貢献を具体的に論じたイギリスのカルチュラル・スタディーズに関するすぐにでも役立つ解説書。

WORKS CITED

引用文献

Althusser, Louis [1965] (1977) *For Marx*, translated by Ben Brewster, London: New Left Books. 〔アルチュセール『マルクスのために』河野健二・西川長夫・田村俶訳、平凡社ライブラリー、一九九四〕

———[1971] (1977) *Lenin and Philosophy and Other Essays*, translated by Ben Brewster, London: New Left Books.

———and Balibar, Etienne [1968] (1970) *Reading Capital*, translated by Ben Brewster, London: New Left Books. 〔『資本論を読む』（上・中・下）今村仁司訳、ちくま学芸文庫、一九九六〕

Amos, V., Lewis, G., Mama, A. and Parmar, P. (eds) (1984) 'Many voices, one chant: black feminist perspectives', *Feminist Review* 17: 3-19.

Anderson, B. (1983) *Imagined Communities: Reflections on the Origin and Spread of Nationalism*, London: Verso. 〔『想

像の共同体』白石さや・白石隆訳、NTT出版、一九九七〕
Barthes, Roland [1957] (1973) *Mythologies*, London: Paladin.〔バルト『神話作用』篠沢秀夫訳、現代思潮社、一九六七〕
———(1967) *Elements of Sociology*, London: Jonathan Cape.
Bennett, Tony (1986) 'Introduction: popular culture and "the turn to Gramsci"', in T. Bennett, C. Mercer and J. Woollacott (eds) *Popular Culture and Social Relations*, Milton Keynes: Open University Press, pp.xi-xix.
Brooker, Peter (1999) *A Concise Glossary of Cultural Theory*, London: Arnold.〔ブルッカー『文化理論用語集』有元健・本橋哲也訳、新曜社、二〇〇三〕
Carby, H. (1982) 'White woman listen! Black feminism and the boundaries of sisterhood', in CCCS *The Empire Strikes Back*, London: Routledge, pp.212-36.
Centre for Contemporary Cultural Studies (CCCS) (1982) *The Empire Strikes Back: Race and Racism in 70s Britain*, London: Routledge.
Cohen, P. (1972) 'Subcultural conflict and working class commmunity', *Working Papers in Cultural Studies* 2, Spring, Birmingham: CCCS/University of Birmingham.
Cohen, Stan [1972] (2003) *Folk Devils and Moral Panics*, London: Routledge.
Critcher, C. (1976) 'Structures, cultures and biographies', in S. Hall and J. Jefferson (eds) *Resistance through Rituals*, London: Hutchinson, pp.167-73.
Dyer, R. (1997) *White*, London: Routledge.

Eagleton, Terry (1996) 'The hippest', *London Review of Books*, 7 (March): 3-5.

Fanon, Frantz [1952] (1993) *Black Skin, White Masks*, London: Pluto Classics. 〔ファノン『黒い皮膚・白い仮面』海老坂武・加藤晴久訳、みすず書房、一九九八〕

——[1961] (1990) *The Wretched of the Earth*, London: Penguin. 〔『地に呪われたる者』鈴木道彦・浦野衣子訳、同、一九九六〕

Fiske, John and Hartley, John (1978) *Reading Television*, London: Methuen. 〔フィスク／ハートレー『テレビを〈読む〉』池村六郎訳、未来社、一九九一〕

Frith, Simon and Savage, Jon (1993) 'Pearls and swine: the intellectuals and the mass media', *New Left Review* 198: 107-16.

Gramsci, Antonio (1971) *Selections from the Prison Notebooks of Antonio Gramsci*, edited by Quintin Hoare and Geoffrey Nowell Smith, London: Lawrence & Wishart. 〔『グラムシ・セレクション』片桐薫編訳、平凡社ライブラリー、二〇〇一〕

Grossberg, Lawrence [1986] (1996) 'History, politics and postmodernism: Stuart Hall and cultural studies', in D. Morley and K. Chen (eds) *Stuart Hall: Critical Dialogues in Cultural Studies*, London: Routledge, pp.151-73.

Hall, Stuart (1960) 'Unnamed paper', *New Left Review* 1 (1): 1.

——(1972a) 'The determination of news photographs', *Working Papers in Cultural Studies* 3, Birmingham: University of Birmingham, pp.53-88.

———(1972b) 'The social eye of *Picture Post*', *Working Papers in Cultural Studies* 2, Birmingham: University of Birmingham, pp.71-120.

———(1974a) 'Black men, white media', *Savacou* 9/10: 97-100.

———(1974b) 'Marx's notes on method: a "reading" of the "1857 Introduction"', *Working Papers in Cultural Studies* 6, Birmingham: University of Birmingham, pp.132-71.

———(1975) *Africa is Alive and Well and Living in the Diaspora*, Paris: UNESCO.

———(1976) 'The "unity" of current affairs television', *Working Papers in Cultural Studies* 9, Birmingham: University of Birmingham, pp.51-94.

———(1977) 'Culture, the media and the "ideological effect"', in J. Curran, M. Gurevitch and J. Woollacott (eds) *Mass Communication and Society*, London: Edward Arnold, pp.315-48.

———(1978) 'Pluralism, race and class in Caribbean society' in *Race and Class in Post-colonial Society*, Paris: UNESCO.

———(1980) 'The Williams interviews', *Screen Education* 34: 94-104.

———with Martin Jacques (eds) (1983) *The Politics of Thatcherism*, London: Lawrence & Wishart.

———(1984) 'Reconstruction work: images of postwar black settlement', *Ten. 8* 16: 2-9.

———(1986) 'Popular culture and the state', in T. Bennett, C. Mercer and J. Woollacott (eds) *Popular Culture and Social Relations*, Milton Keynes: Open University Press, pp.22-49.

———(1988a) 'The empire strikes back', in *The Hard Road to Renewal: Thatcherism and the Crisis of the Left*, London: Verso, pp.68-74.

———(1988b) 'Gramsci and us', in *The Hard Road to Renewal: Thatcherism and the Crisis of the Left*, London: Verso, pp.161-73.〔ホール『グラムシと私たち』野崎孝弘訳、『現代思想』一九九八年三月臨時増刊号、青土社〕

———(1989) 'The meaning of New Times', in *New Times: The Changing Face of Politics in the 1990s*. London: Lawrence & Wishart, pp.116-34.〔「「新時代」の意味」葛西弘隆訳『現代思想』一九九八年三月臨時増刊号〕

———(1991) 'Old and new identities, old and new ethnicities', in A. King (ed.) *Culture, Globalization and the World-system: Contemporary Conditions for the Representation of Identity*, Basingstoke: Macmillan, pp.41-68.〔『文化とグローバル化——現代社会とアイデンティティ表現』山中弘・安藤充・保呂篤彦訳、玉川大学出版部、一九九九年所収〕

———with D. A. Bailey (1992) 'Critical decade: an introduction' and 'Vertigo of displacement', *Ten. 8* 20 (3): 4-7, 14-23.

———(1993) 'Cultural identity and diaspora', in P. Williams and L. Chrisman (eds) *Colonial Discourse and Post-colonial Theory*, London: Harvester Wheatsheaf, pp.392-402.〔「文化的アイデンティティとディアスポラ」小笠原博毅訳『現代思想』一九九八年三月臨時増刊号〕

———(1995) 'Negotiating Caribbean identities', *New Left Review* 209: 3-14.

———(1996) 'Introduction: who needs "identity"' in S. Hall and P. du Gay (eds) *Questions of Cultural Identity*, London: Sage, pp.1-17.〔『カルチュラル・アイデンティティの諸問題——誰がアイデンティティを必要とするのか』

柿沼敏江・佐復秀樹・林完枝・松畑強・宇波彰訳、大村書店、二〇〇一年所収〕
———(1999) 'A conversation with Stuart Hall', *The Journal of the International Institute* 7 (1): 1-14. Available online: http://www.umich.edu/~iinet/journal/past_journals.htm#v7n1
———(2000) 'The multicultural question', www.sheff.ac.uk/uni/academic/N-Q/lectures/htm
———(2000) 'Prophet at the margins', the *Guardian*, 8 July, pp.8-9.
Harvey, David [1990] (1992) *The Condition of Postmodernity*, Oxford: Blackwell Publishers. 〔ハーヴェイ『ポストモダニティの条件』吉原直樹監訳、青木書店、一九九九〕
Hebdige, Dick [1979] (1996) *Subculture: The Meaning of Style*, London: Routledge. 〔ヘブディジ『サブカルチャー——スタイルの意味するもの』山口淑子訳、未来社、一九八六〕
Hirst, P. (1989) *After Thatcher*, London: Collins.
Hoggart, Richard (1958) *The Uses of Literacy*, London: Penguin. 〔ホガート『読み書き能力の効用』香内三郎訳、晶文社、一九八六〕
Inglis, F. (1993) *Cultural Studies*, Oxford: Blackwell.
Jameson, F. (1984) 'Postmodernism, or the cultural logic of late capitalism', *New Left Review* 146: 53-92.
Jessop, B., Bonnett, K., Bromley, S. and Ling, T. (1988) *Thatcherism*, Cambridge: Polity Press.
Johnson, L.K. [1980] (2002) 'It dread inna Inglan', in *Mi Revalueshanary Fren: Selected Poems*, London: Penguin.
Johnson, R. (1979) 'Three problematics', in J. Clarke and C. Chritcher (eds) *Working Class Culture: Studies in History*

and Theory, London: Hutchinson, pp.201-37.

Karim, Karim H. (2002) 'Making sense of the "Islamic Peril": journalism as a cultural practice', in B. Zelizer and S. Allan (eds) *Journalism after September 11*, London: Routledge, pp.101-16.

Laclau, Ernesto (1977) *Politics and Ideology in Marxist Theory: Capitalism, Fascism, Populism*, London: New Left Books. 〔ラクラウ『資本主義・ファシズム・ポピュリズム――マルクス主義理論における政治とイデオロギー』横越英一監訳、拓殖書房、一九八五〕

Lewis, Gail (2000) 'Stuart Hall and social policy' in P. Gilroy, L. Grossberg and A. McRobbie (eds) *Without Guarantees*, London: Verso, pp.193-202.

McGuigan, Jim (1992) *Cultural Populism*, London: Routledge.

McRobbie, A. (1996) 'Looking back at New Times and its critics', in D. Morley and K. Chen (eds) *Stuart Hall: Critical Dialogues and Cultural Studies*, London: Routledge, pp.238-61.

Marx, Karl [1859] (1971) *A Contribution to the Critique of Political Economy*, London: Lawrence & Wishart. 〔『マルクス・コレクションⅢ』横張誠・木前利秋訳、筑摩書房、二〇〇五、所収〕

Mercer, K. (ed.) (1988) *Black Film/British Cinema*, ICA Document 7, London: ICA.

———(1994) *Welcome to the Jungle*, London: Routledge.

———and Julien, I. (1988) 'Introduction: de margin and de centre', *Screen* 29 (4): 2-11.

Morley, David (1980) *The 'Nationwide' Audience*, London: British Film Institute.

———(1986) *Family Television: Cultural Power and Domestic Leisure*, London: Comedia.

———(1992) *Television Audiences and Cultural Studies*, London: Routledge.

Parkin, Frank (1971) *Class Inequality and Social Order*, London: McGibbon and Kee.

Poulantzas, N. (1978) *State, Power, Socialism*, London: New Left Books.〔プーランツァス『国家・権力・社会主義』田中正人・柳内隆訳、ユニテ、一九八四〕

Saussure, F. de [1916] (1983) *Course in General Linguistics*, London: Duckworth.〔ソシュール『一般言語学講義』小林英夫訳、岩波書店、一九七二〕

Scarman, L.G. (1981) *The Scarman Report: The Brixton Disorders 10-12 April 1981*, London: Her Majesty's Stationary Office.

Schwarz, Bill (1989) 'Popular culture: the long march', *Cultural Studies* 3 (2): 250-5.

———(2000) 'Becoming post-colonial', in P .Gilroy, L. Grossberg and A. Mcrobbie (eds) *Without Guarantees: In Honour of Stuart Hall*, London: Verso, pp.268-81.

Sivanandan, A. (1990) 'All that melts into air is solid: the hokum of New Times', in *Communities of Resistance: Writings on Black Struggles for Socialism*, London: Verso, pp.19-59.

Stallybrass, Peter and White, Allon (1996) *The Politics and Poetics of Transgression*, Ithaca, NY: Cornell University Press.〔ストリブラス／ホワイト『境界侵犯——その詩学と政治学』本橋哲也訳、ありな書房、一九九五〕

Storey, John (1993) *An Introduction to Cultural Theory and Popular Culture*, Harlow: Harvester Wheatsheaf.

Stratton, J. and Ang, I. (1996) 'On the impossibility of a global cultural studies: "British" cultural studies in an "international" frame', in D. Morley and K. Chen (eds) *Stuart Hall: Critical Dialogues in Cultural Studies*, London: Routledge, pp.361-91.

Thompson, E.P. [1963] (1991) *The Making of the English Working Class*, London: Penguin. 〔トムスン(トンプソン)『イングランド労働者階級の形成』市橋秀夫・芳賀健一訳、青弓社、二〇〇三〕

———(1978) *The Poverty of Theory and Other Essays*, London: Merlin.

Volosinov, V.N. (1973) *Marxism and the Philosophy of Language*, New York: Seminar Press. 〔バフチン(ヴォロシノフ)『マルクス主義と言語哲学』桑野隆訳、未来社、一九八九〕

Williams, Raymond [1958] (1966) *Culture and Society* 1780-1950, London: Penguin. 〔ウィリアムズ『文化と社会 一七八〇—一九五〇』若松繁信・長谷川光昭訳、ミネルヴァ書房、一九六八〕

———[1961] (1965) *The Long Revolution*, Harmondsworth: Pelican Books. 〔『長い革命』若松繁信・妹尾剛光・長谷川光昭訳、ミネルヴァ書房、一九八三〕

———(1977) [1976] *Keywords – a Vocabulary of Culture and Society*, Glasgow: Fontana. 〔『完訳キーワード辞典』椎名美智・越智博美・武田ちあき・松井優子訳、平凡社、二〇〇二〕

Young, J. (1971) 'The role of the police as amplifiers of deviancy', in S. Cohen (ed.) *Images of Deviance*, Harmondsworth: penguin, pp.27-59.

索引

アーノルド　Arnold, Matthew　31
アティーユ　Attille, Martina　207
『アテンダント』　*The Attendant*　207
アドルノ　Adorno, Theodor　35・99；→マス・コミュニケーション研究
アルチュセール　Althusser, Louis　35・37・71・76・79-86・104・105・143・150・151・233・240・247
『マルクスのために』　*For Marx*　79・105・233・247
アンダーソン、ベネディクト　Anderson, Benedict　171；→想像の共同体
アンダーソン、ペリー　Anderson, Perry　35
イーグルトン　Eagleton, Terry　16
『イースト・イズ・イースト』　*East is East*　206
イーストホープ　Easthope, Anthony　60
イギリス映画協会　British Film Institute　41
イタリア共産党　Italian Communist Party　84
逸脱　deviance　14・124・127・139・142・231
イデオロギー　ideology　36-40・43・58・78-83・85・86・88・99・105・110-114・117・129-131・137・138・140-143・150・158・159・162・163・165・166・177・183-185・233・240
意味作用のスパイラル　signification spiral　126
移民法（1962、1968、1971）　Immigration Acts (1962, 1968 and 1971)　135・137
ウィリアムス　Williams, Raymond　17・31・35・68-70・73・74・119
ウィリス　Willis, Paul　61・218・228
ウーラコット　Woollacott, Janet　61
ヴェトナム　Vietnam　87・88・136
エイズ　AIDS　15・16・127・165
エスニシティ　ethnicity　17・94・117・181・182・185・187・194-200・204・205・210・218・233・234・239・243
エスノグラフィー　ethnography　87・118
エリオット　Eliot, T.S.　31
オーディエンス　audience　100・104・110・111・117・118・120
オープン・ユニヴァーシティ　The Open University　21・22・60・61・218・229・231・242・245

オクスフォード大学　Oxford University　32

カービー　Carby, Hazel　90・189・218
カーン　Khan, Ayub　206
快楽　pleasure　16・31・43・44・50
カリビアン・アーティスト運動　Caribbean Artists Movement (CAM)　207
『危機を取り締まる』 *Policing the Crisis*　13・23・67・120・124・128・130・133・137・139-144・151-155・157・165・226・227・231・241
器用仕事、日曜大工　bricoleur　92・94
虚偽意識　false consciousness　39・79・80・162・177；→イデオロギー
ギルロイ　Gilroy, Paul　90・91・218・241・242
　『ユニオン・ジャックに黒はない』 *Ain't No Black in the Union Jack*　91・241
『儀礼による抵抗』 *Resistance through Rituals*　23・67・120・124・125・127・131・133・139・140・142・144-149・151・155・231・241
偶発性　contingency　190-192・216
グラムシ　Gramsci, Antonio　35・51-53・58・60・61・66・84-89・96・113・114・120・141・143・145・146・150・165・168・169・193・213・228・232・235・240・242
クリッチャー　Critcher, Chas　23・218・226・227
クリフォード　Clifford, James　218
クレイシ　Kureishi, Hanif　199・204-206・216
グレーター・ロンドン・カウンシル　Greater London Council　207
グロスバーグ　Grossberg, Lawrence　21・218・242
言説　discourse　36・77・97・100-103・107-109・112・113・119・120・163・166・168・177・178・189・192・195・200・201・204・207・210-212・230・237・244
合意　consensus　53・124・125・140-145・157・162・227
行為体　agency　69・71・81・83・86・120・241
交流分析　transactional approach　139・155
コーヘン、スタンリー　Cohen, Stanley　127・139
コーヘン、フィル　Cohen, Phil　151
国籍法（1948）　Nationality Act (1948)　135
国家のイデオロギー装置　Ideological State Apparatuses　80

「ザ・ニュー・ソーシャリスト」 *The New Socialist*　159
『ザ・ポピュラー・アーツ』 *The Popular Arts*　23・32・41-48・50・67・70・71・119・226
『刷新への困難な道のり』 *The Hard Road To Renewal*　159・162・165・166・185・228
サッチャー　Thatcher, Margaret　62・83・88・157-159・161・162・164・167・171・184・227
サッチャリズム　Thatcherism　17・41・62・137・144・154・157-185・187・188・205・210・215・220・221・227・228・238・243
『サッチャリズムの政治』 *The Politics of Thatcherism*　159・228
サブカルチャー　subculture　14・92・94・124・125・127・142・144-146・148-151・155・226
サミュエル　Samuel, Raphael　35
サンコファ　Sankofa　207

シアル　Syal, Meera　206
ジェイムソン　Jameson, Fredric　175・178
ジェームス　James, Henry　20・32
自己再帰性　self-reflexivity　190-192・216
自叙伝　autobiography　16-25・223・233
ジャガー　Jagger, Mick　132
社会学　sociology　17・21・68・87・98・99・127・139・218・220・221・246
社会政策　social policy　13・127
ジャマイカ　Jamaica　18・19・198・214
重層状況　conjunctural　51・86・93・94・194・195・215・223
主体性　subjectivity　160・176・189・194・236・237
ジュリアン　Julien, Isaac　207・243
常識　common-sense　37・52・80・94・112・113・115・116・120・140・145・152・215・227
消費主義　consumerism　36
商品生産　commodity production　102
ショーハット　Shohat, Ella　212・213
ジョンソン　Johnson, Linton Kwesi　198・199・202・216
ジロー　Giroux, Henry　218・242
人種差別　racism　17・116・123-155・196-198・202-204・215
人種平等のための委員会　Commission for Racial Equality (CARM)　133
審問＝呼びかけ　interpellation　37
スエズ　Suez　34
スキンヘッド　skinheads　127・145・147・150・151
スタイル　style　46・47・56・77・83・132・144・147・148・150・151・173-175・203・226
ストーレィ　Storey, John　54・254
スピヴァク　Spivak, Gayatri　210・217
セゼール　Cesairé, Aimé　210
全国教職員組合　National Union of Teachers (NUT)　43
想像の共同体　imagined community　158・171・182
増幅器　amplifiers　127
ソロモス　Solomos, J.　90
ターナー　Turner, Graeme　43・246
ダーリク　Dirlik, Arif　212
退行的近代化　regressive modernisation　163・168・179・185
大衆芸術　mass art　45-50・71
多元主義　pluralism　99・173
多層的記号　polysemic signs　112・115
多文化　multicultural　181・187・210-216
チェインバース　Chambers, Iain　218・226
チャーダ　Chadha, Gurinder　206
チャーチル　Churchill, Winston　161・162
チャップリン　Chaplin, Charlie　46
チャンネル4　Channel 4　206
ディアスポラ　diaspora　17・176・182・187・194・207-210・212・214・219・238-240・243
ディートリッヒ　Dietrich, Marlene　49・50
抵抗　resistance　30・37・38・40・41・51・53-56・60・81・86・109・110・113-116・120・123-155・196・198・202・203・220

革命的―――― 53・146・147・150
――――と暴力 153・154
テイラー Taylor, Frederick 169
テディ・ボーイズ teddy boys 124・127・135・147
デリダ Derrida, Jacques 175・191-193・211・237
『テリトリーズ』 *Territories* 203
転移 displacement 124・125・131-140・150・152・153・155・171・196・227
トンプソン Thompson, E.P. 35・68-70・72-74・119・255

ニクソン Nixon, Sean 218
ニュー・タイムス（プロジェクト） New Times (project) 144・157-185・221・228・234・243
ニュー・レイバー New Labour 182-184・215・238
「ニュー・レフト・レヴュー」 New Left Review 20・32・33・35・40
ノッティングヒルの暴動 Notting Hill Riots 135

ハーヴェイ Harvey, David 170・172・252
パーキン Parkin, Frank 115・118
パース Peirce, Charles 109
ハートレー Hartley, John 118・249
バーバ Bhabha, Homi 210・237
パーマー Parmer, Prathiba 90
パウエル Powell, Enoch 129・136-138
バトラー Butler, Judith 218・237
バルト Barthes, Roland 71・76-79・102・111・230・248
パンク punks 127・147・148
『ハンズワース・ソング』 *Handsworth Songs* 203
ハンズワースのマギング Handsworth mugging case 15・123-126・151・154・226
『ビーチのバジ』 *Bhaji on the Beach* →チャーダ
「ピクチャー・ポスト」 *Picture Post* 41・121
表象 representation 15・16・63・73・79-81・102・103・109・129・130・136・139・159・171・175・181・200-209・213・216
――――の責務 200-204・216・243
ファノン Fanon, Frantz 153・154・210・249
フィスク Fiske, John 118・249
フーコー Foucault, Michel 102・103・175・177・237
プーランツァス Poulantzas, Nicos 165
フェミニズム feminism 90・91・177・189・218・237
フォーク・デヴィルズ folk-devils 124・125・127・131・132・139・143・155・162
フォークランド戦争 Falklands War 160・161・165・171・179・185
フセイン Hussein, Saddam 213
フット Foot, Michael 159
ブラウン Brown, Wendy 218
ブラックウッド Blackwood, Maureen 207
フランクフルト学派 Frankfurt School 99
ブランドゥスン Brundson, Charlotte 218
ブリクストン暴動 Brixton riots 13・155
ブルジョワ化 embourgeoisement 140-142・145
ブルッカー Brooker, Peter 175・248
ブレア Blair, Tony 161・183・184・227・238

フロイト　Freud, Sigmund　105・131・133・177・237；→転移
文化主義　Culturalism　66・68-74・78・81・83・84・86-88・93・95・96・102・119・120・226・231
分節化　articulation　53・59・82-85・88・93・94・104-106・110・136・145・148・161・163・168・183・193・196・199・216
――――の政治　193
ヘゲモニー　hegemony　51-53・60・86・113・115・116・120・121・140-146・150・164-166・193・196・197・199・201・205・210・227・232・241・244
『ベッカムに恋して』　*Bend it Like Beckham*　→チャーダ
ベネット　Bennett, Tony　61・218
ヘブディジ　Hebdige, Dick　149・218・226・229・252
ベンヤミン　Benjamin, Walter　99
ホガート　Hoggart, Richard　17・67-70・72-74・87・88・119・252
保守党　Conservative Party　33・62・73・83・119・137・157・158・162
ポスト構造主義　poststructuralism　175・177・191・193・212・213・228・229・233・237・240
ポストコロニアル　post-colonial　153・187・210-216・218・237
ポピュラー・アート　popular art　45-50・55
ホルクハイマー　Horkheimer, Max　99

マーサー　Mercer, Kobena　202・243
マギング　mugging　15・123-126・128・130・132・137-139・143・144・151-155・165・226・227
マクロビー　McRobbie, Angela　218・226
マス・コミュニケーション研究　mass communications research　98-100・102・145
マッギガン　McGuigan, Jim　221・242
マックリントック　McClintock, Anne　212
マッシー　Massey, Doreen　218
「マルキシズム・トゥデー」　*Marxism Today*　159・166・167・184
マルクス　Marx, Karl　36-39・53・78-80・85・96・102・143・177・230
民俗芸術　folk art　45-48・50・71
ムフ　Mouffe, C.　103・193
ムンク　Munch, Edvard　169
モーリー　Morley, David　61・118・218・220-223・225
目録　inventory　51・58・60
モッズ　mods　124・126・127・148・149

ヤング　Young, Jock　127
豊かさ　affluence　140-142・145
――――のイデオロギー　141・142
「ユニヴァーシティ・アンド・レフト・レヴュー」　*Universities and Left Review*　35

ラカン　Lacan, Jacques　175・177・237
ラクラウ　Laclau, Ernesto　85・103・193・228・240
ラスタ　rastas　127
ラニーミード委員会　Runnymede Commission　214

『ラングストンを探して』　*Looking for Langston*　207
リーヴィス、F・RとQ・D　Leavis, F.R. and Q.D.　31・45・69
　リーヴィス主義　45・69
「リーズナー」　*Reasoner*　35
リオタール　Lyotard, Jean-François　175・177・240
ルカーチ　Lukács, György　35
レヴィ＝ストロース　Lévi-Strauss, Claude　76・79・149
労働党　Labour Party　17・33-35・73・83・137・159・164・183
ローレンス　Lawrence, Errol　90
ローレンス　Lawrence, Stephen　215
ロジェーク　Rojek, Chris　17・243

「ワーキング・ペーパーズ・イン・カルチュラル・スタディーズ」　Working Papers in Cultural Studies　67
ワネル　Whannel, Paddy　23・41・42・44-50・225

シリーズ監修者の序

ロバート・イーグルストン（ロンドン大学ロイヤル・ホロウェイ校）

このシリーズは、文学研究や人文学分野に大きな影響を及ぼした主要な批評的思想家について解説するものである。〈ラウトリッジ批評的思想家〉が提供するのは、研究や学習の過程で新しい人名や新しい概念が現れたとき、真っ先にページを開いて情報を得ることができる一連の本である。

それぞれの本は、鍵となる思想家の文章に読者が直に触れるときの案内書となるべく、思想家たちの鍵概念を、説明し、コンテクストの中に置き、おそらくこれが最も重要なことだが、なぜその思想家の考え方が有意義とみなされているかを読者に解き明かす。あくまでも簡潔で明快に書かれた入門書であることをめざし、読者に特別な専門的知識を必要としない。このシリーズは、個々の人物に焦点を絞るものの、同時に、いかなる批評的思想家も真空状態に存在していたのではなく、広範な思想的・文化的・社会的歴史を背景として出現したことも強調する。最終的にシリーズ中の本はどれも、思想家のオリジナルな文章に読者が触れるときの橋渡し役となるだろう。オリジナルな文章を解説で置き換えるのではなく、思想家である彼もしくは彼女が書いたものを補完することによって。

こうした本が必要とされるには、いくつかの理由がある。文学批評家のフランク・カーモードは一九九七年に出版した自伝『資格なし』において、一九六〇年代のある時期のこんな思い出を書いていた――

美しい夏の芝生の上に、若者たちは一晩中寝そべって、日中の激しい活動の疲れを癒し、バリ島の楽士一座のかなでる民族音楽に聞き入っていた。毛布に包まったり、寝袋に入ったりして、うとうとしながら若者たちはお喋りをしたものだ。その時代の導師たる人物について……。若者たちが繰り返し語っていたことは、概ね、又聞きの類であった。このような背景があればこそ、昼食時に、私が突然思いつきの提案をすることになった。時代の指導的人物に関して、信頼が置け、わかりやすい解説を提供する短くて廉価な本が必要ではないかと。

「信頼が置け、わかりやすい解説」に対する需要は、いまもなお存在している。ただしこのシリーズが背景としているのは、一九六〇年代とは異なる世界である。新しい思想家たちが登場し、古い思想家たちは評価が毀誉褒貶相半ばした。それも新しい研究が進展するにつれて。新しい方法論や挑発的な着想が芸術や人文学の分野に広がる。文学研究は――かつてはそうであったとはいえ――ただ詩や小説や戯曲の研究と評価に没頭すればよいというわけにはいかなくなった。文学研究は、文学テクストやその解釈において立ちはだかる概念や問題点や障害をも研究対象とすることになる。またそれに呼応して、他の芸術分野や人文学分野も変容を遂げた。

このような変化とともに、新たな問題も浮上する。人文学における、こうした根本的変革の背後にある概念や問題は、しばしば、広範なコンテクストを参照することなく、ただ、読者が読むテクスト群に「付け足せる」理論として提示されたのである。もちろん、あらかじめ選別された概念を取り上げること、あるいは手元にあるものなら何でも利用することーー結局、既存のものを利用することしか私たちには出来ないと論ずる思想家もいるくらいなのだがーーは、たしかに、なんら悪いことではない。しかし、個々の新しい概念は、特定の人物の思考パターンやその発展型として生まれたこと、また彼らの概念の有効範囲とコンテクストの見極めも重要だということが、往々に忘れられてしまうのである。理論を「浮遊する」ものとみなす傾向に反して、〈ラウトリッジ批評的思想家〉シリーズは、鍵となる思想家とその概念を、コンテクストのなかにしっかりと位置づけようとしている。

これだけではない。本シリーズは、思想家自身のテクストや概念に立ち戻り、それらに直に触れたいという読者の欲求を満たそうとしている。概念に関するどのような解釈も、たとえどれほど無垢な解釈にみえようとも、暗黙のうちに、あるいは明示的に、それ独自の「ひねり」を加えている。思想家について書かれた本だけを読んで、思想家によって書かれたテクストを読まずに終わることは、読者が自分自身で判断するチャンスを捨てるようなものである。重要な思想家の著作をとっつきにくくしているのは、その文体とか内容とかのせいではなく、どこから初めてよいのかわからないという困惑によることもある。このシリーズの目的は、思想家の概念や著作についてわかりやすく解説し、その思想家自身のテクストを出発点として、さらなる読書への手ほどきをすることで、読者に「入り口」を提示することにある。哲学者ルートヴィヒ・ウィトゲンシュタイン（一八八九―一九五一）から比喩を借りて表現すれば、このシリーズは、次の段階へ昇り詰めたら、はずしてよい梯子のようなものである。したがって、シリーズ中の本はそれぞれ、新しい概念に触れることができるよう、読者に手ほどきをするだけでなく、読者を理論家自身のテクストへと誘い、そこで得た情報をもとに自分なりの意見をまとめるよう促すことで、読者を啓発するのである。

最後に、本シリーズは、知的欲求が変化したからだけでなく、世界の教育システム——入門的教科書が通常読まれるコンテクスト——が根本的に変化したために必要でもあることを付け加えたい。一九六〇年代における少数エリートのための大学教育にふさわしかったことは、二十一世紀の大規模かつ広範囲に及ぶ多様化したハイテク教育システムには、そぐわなくなった。こうした変化は、新しい時代に即した入門書のみならず、新しい解説法をも求めている。〈ラウトリッジ批評的思想家〉シリーズにおいて考案された解説法は、今日の学生を念頭に置いている。

シリーズの各書は、ほぼ同じ構成となっている。はじめに、それぞれの思想家の生涯と思想について概観するセクションがあり、そこではなぜ彼もしくは彼女である思想家が重要なのかが説明される。中心となるセクションでは、思想家の鍵概念やそのコンテクスト、さらにはその進化や受容のされ方が論じられる。最後に、思想家の影響力が概観され、彼らの概念が、あとに続く者たちによって、どのように取り上げられ発展させられたかが略述される。これに加えて、さらなる読書のために、どのような本を読めばよいかを提案し記述する詳細なセクションが巻末に設けられる。これは、たんなる「付録」的セクションではなく、各巻で、欠くことのできないセクションを形成する。まず思想家の主要な著作について簡潔に記述し、最も有益な批評的著述や、関連性があれば、インターネット上のホームページに関する情報を提供して終わる。このセクションによって読者は、読書案内を受けるだけでなく、自分の関心事を追及し、研究計画を発展させることができる。各巻を通して、文献情報は、いわゆるハーヴァード方式に準拠している(引用される著作の作者と発行年が本文中に示されるだけで、詳しい情報は巻末の引用文献表で調べることができる)。これによって、限られたスペースに多くの情報を盛り込むことができる。各巻はまた専門用語について解説をするが、さらに詳しく事件や概念を記述しようとするときには、囲み記事にして、議論の流れから切り離すことにしている。囲み記事はまた、思想家がよく使ったり、新たに考案した用語についての定義に光をあてるためにも使われる。このように囲み記事は用語解説としても使え、ページをぱらぱらとめくったときにもすぐ目に付くよう工夫されている。

　このシリーズの思想家たちは、三つの理由から「批評的」である。第一点。彼らは、批評を含むさまざまな分野に照らして検証される。その分野は主に文学研究あるいは英文学研究や文化研究だが、さらに文献や思想や理論や不問の前提などに関する批評を基盤とする学問分野をも含む。第二点。彼らは批評的である。なぜなら彼らの仕事を研究することによって読者は自分なりの批評的読解と思考を展開できる「道具一式」を手に入れることができ、読者は批評的になるからである。第三点。こうした思想家たちは、決定的に重要であるために、必須《クリティカル》であるからだ。彼らの考え方は、伝統的な世界観やテクスト観を、またこれまで当然と思われてきたすべてのものを覆し、周知のものごとをより深く理解し、また新たな考え方を身につけるのを可能にしてくれたのである。

　いかなる解説書も読者にすべてを語ることはできない。しかしながら、批評的思考へと読者を誘うことで、このシリーズが望むのは、読者が、生産的で建設的で潜在的に人生を変える活動に赴くことなのである。

訳者あとがき　Over《オーヴァー》 Hall《ホール》

ホールは狸親父である。多くのインタヴューでも、尋ねられた質問に対してイエスかノーで答えを終わらせることはまずない。留保や能書きや、ひどいときには、イエスで答え始めておきながら最後には質問をまったく否定するような終わり方をすることも珍しくはない。おおよそ他人の期待にそのまま文字通り応えることが、そもそもこの人にはほとんど皆無なのだ。

イングランド民衆の「民主主義的伝統」の力を代表＝表象していると疑わない左翼知識人たちとともにニュー・レフト運動を始めながらも、「いや、私はジャマイカ人なんですがね」と前置きをしてから政治集会のスピーチに立つ。それでいて「ニュー・レフト・レヴュー」の編集長までやってしまう。周囲の「教養ある」知識人の卵たちが新たな大衆メディアであったテレビの害毒をとやかく非難する中で、テレビがいかに重要な教育メディアになりうるかを説いてまわり、映画がまだ学問的なテクストとして対象化されることなど思いもよらぬころに、映画について講義をする。オクスフォードの同窓生が高等教育の教職に就いたり組合の専従になったりと、「政治活動」に近いポジションを当然のごとく占めていく中でホールが選んだ道は、南ロンドンの労働者地区にある中学校の音楽教員だったりする。私生活でもフェミニスト歴史家をパートナーとし、フェミニストの学生たちの共同研究を指導しながら、自らを「家父長的権威」だと自覚し、そんな権威を必要として作り上げてしまう職場がいけないといわんばかりに、伝統的な大学の教育システムの外に出てみる。

時を経て、炭鉱が強制閉鎖され、失業率がうなぎのぼりに上昇し、南大西洋の絶海の孤島で現代の戦争ではまれに見る白兵戦が行われているイギリス資本主義の物質的危機のまさにその渦中で、「文化こそが大事である」と言ってみる。「表象にばかり気をとられて、現実政治へのコミットメントを回避している」と非難されれば、「表象を経ずしてどうやって現実にコミットできるのか教えて欲しい」などと逆襲するポーズをとった後で、「君たちは表象の言葉尻だけの意味にとらわれていないか、私がやっているのは意味の状況性を分析して共通の政治的ポジションを作るための前準備なのだよ」などと嘯いてみせる。記号論を駆使してニュース分析をしてみたところ、「言語論的転換」という流行に乗っているだけだと言われれば、四十年も前に獄死したイタリア人の走り書きや当時の英語圏では実在性さえ確認されていなかった旧ソ連の思想家の中途半端な概念をあたかも用意していたように援用して、「言語の多方向性こそヘゲモニーが争われている証拠なんですから」と開き直ってみせる。〈ああ言えばこう言う〉を地で行くような言論活動は、その場しのぎの方便かといえば、それにしては念入りすぎはしないだろうか。すでに意味は確定され飽和しているように見え、手垢だらけのように聞こえるアイデンティティやポストコロニアルといった概念をホールが使うときには、注意が必要だ。狸は、化かすからである。この古狸かつて、きちんと分けられた髪を撫でつけた、中産階級出身の斜に構えたルサンチマン左翼青年や、労働者階級出身で気合ばかりが空回りしているチェーン・スモーカーの秀才たちが集っていたニュー・レフトの会合を途中で抜け出し、カリブ地域から雇われてきたバスの車掌や運転手たちと一緒に場末のパブでジャズ・ピアノを弾いていた。この時代、つまり、ホールが「カリプソ・キング」と呼ぶロード・キッチュナーのレコードを聴きながら、スターリン批判の演説の草稿を頭で練りつつ、ヘンリー・ジェームスの『ある貴婦人の肖像』を愛読していた時代に、四十年後トニー・ブレア率いるニュー・レイバーから文化諮問委員の誘いを受けることになる（そして、当然、断る）大狸が生まれる素地が出来上がったのかもしれない。

　ホールと共著、共作、共編してきた人間たちがこれだけ多いということは、この大狸に「善く」化かされた人間も少なくないのだろう。だが性質《たち》悪く化かされてきた人間たちがいることも確かである。日本だけではない。ヨーロッパ、北アメリカ、南アメリカ、インド、シンガポール、台湾、中国、韓国など、カルチュラル・スタディーズという名前がホールを引き合いに出して語られる大学の教育研究課程や文化・文芸批評の現場（「論壇」、とこの国では言うのだろうか）では、おそらく例外なくいる。言語共同体をひとつだけ想定していればすむほど、カルチュラル・スタディーズは国内拘束的《ドメスティック》な現状にはない。けれども、翻訳書のあとがきという性格上、とりあえずこの国の状況を優先させてみれば、曰く、カルチュラル・スタディーズはポストモダン風味の語彙を操って、人種やエスニシティやセクシュアリティや、そういう領域でのマイノリティの復権、抑圧からの解放を目的としている。それは政治的正しさを求めるあまり素朴実証主義的で、認識論への配慮が欠けているばかりか、近代性《モダニティ》の複雑な思想的・哲学的可能性を軽視しすぎている。また曰く、カルチュラル・スタディーズはアイデンティティの変容に比重を置きすぎているので、いまどきの「ネオリベ」化している消費社会の権力によって容易に抱え込まれてしまう対象となってしまっているのみならず、まさにそのような権力に心地よく抱かれつつ、そのような権力を心地よく措定する行為体となっている。多少乱暴にまとめると、このような批判があるようだ。

ここで「カルチュラル・スタディーズは」と槍玉に挙げられているのは、いったい誰の、どのような、何のための言説のことなのだろうか。本書を読む限り、少なくともそれはスチュアート・ホールのそれではないということはわかる。本書は、ホールが何をやっていて何をやっていないか、何を言っていて何を言っていないかということを、ホールのテクストそのものに立ち返りながら、かといってそれらをなぞるだけではなく数々の批判点を明確化しつつ、説明してくれている。もちろん書物の性格上、一つ一つの論点を深めて議論するものではない。しかし読み終えた後に、ホールを〈読まずに名だけで批判する〉ことは、もうできない。本書はコンパクトではあるが、ホールとカルチュラル・スタディーズをめぐるある種の混乱を解決するのではなく、何がどう混乱しているのかを提示してくれているからだ。

日本でもさまざまな入門書や概説書で注記されてきたように、スチュアート・ホールがカルチュラル・スタディーズそのものではない。ホールはカルチュラル・スタディーズのメルクマールにすぎないのだから。ただもしも本書が留保つきで紹介しているように、ホールがカルチュラル・スタディーズの「創始者の一人」であるとしたら、彼の思考、彼の活動、彼の理論的遺産についての、いったい何をどのように読んでカルチュラル・スタディーズを批判しているのかということは、明らかにされてしかるべきだろう。なぜなら、この点があまりにもわからなさすぎるからである。

一例を挙げよう。すでに指摘したことだが、近頃不評の「アイデンティティ政治」に関して。カルチュラル・スタディーズは政治的に正しいエスニック・マイノリティの「アイデンティティ政治」を支えるだけの言説だという批判があるようだ。この批判に対して二つの対応が可能である。まず、「アイデンティティの政治」と「アイデンティティをめぐる政治」とをホールが当初から区別して思考しているということは本書からも明らかになる。この批判の妥当性はとりあえずここで判別されるだろう。次に、「アイデンティティ政治」の語彙を提供し「わたし探し」ゲームに興じるためのカルチュラル・スタディーズが、実はどこかで立ち上げられてしまったのではないかと、これまでのカルチュラル・スタディーズの作業を再検証することもできるだろう。性質《たち》悪く化かされた人が、カルチュラル・スタディーズの実践者の中にもいるかもしれないのだ。だからこそこれまでの作業のツールや装置を再検証し、カルチュラル・スタディーズをオーヴァーホールすることが肝要ではないか。

　したがってもともと学部学生や初学者向けにデザインされている本書を、その手始めとして活用してもいいだろう。本書は、アイデンティティが問題化される社会的条件――特定のアイデンティティを永続的な本質として抱きかかえざるをえない状況を強いられた共同体があるということ――の分析から始まる具体的なホールのテクストや発言を辿りながら、「アイデンティティ政治」の暫定的な政治的有効性を認めつつ、アイデンティティを希求する経路自体に分節化されているアイデンティティからの離脱やアイデンティティというカテゴリーを生み出す権力にまで考察を広げ、「アイデンティティをめぐる政治」への焦点移行を提案するホールの思考を描き出している。またその過程で、ホールがポストモダンな主体の多様性や変容性を賞賛するだけの「アイデンティティ政治」の扇動者であるという「俗説」も、クリアーに反証されている。では、ホールは何を言い、やってきたのか。それは読者にご自分で読んで判断していただきたい。そのためのナヴィゲーターがこの入門書なのだから。

　「読書案内」にあるように、日本語に訳されているホールの著作は少なくはないし、『現代思想』誌は七年前にホールの論文とインタヴュー合わせて七本を紹介している。単著の「恒常性」ではなく、数々の共著や雑誌論文、新聞、パンフレットへの寄稿や講演等の「暫定性」を優先させてきたホールの仕事すべてを網羅し「紹介」することはおおよそ不可能だが、彼が取り組んできた数々の問題系を少なくともある程度はカヴァーするだけの日本語文献はそろっているはずだ。問題はその「後」、である。興味を持ち、もっと知りたいと思い、または逆に文句のひとつもつけなければ気がすまないならば、まずあるだけの日本語訳をそろえてみる。それでも足りずにさらにホールの思考にアクセスしたければ、原文に当たればよい。本人は複雑なロンドンのストリートを老いてなお矍鑠《かくしゃく》とドライブして回っているのだから、本当に彼から何かを学び、彼に何かを問い、対話を交わしたいのなら、ネットにアクセスすればそこには格安航空券サイトがあるのだから、十二時間のフライトとアポイントメントを取る手間を惜しまねば、対話は可能だ。そこまでしなくとも、英語で書かれ、話された記録を日本の国内にいながら集めることはそれほど難しくはないし、たとえ入手困難なものでも(絶版されたパンフレットや何かなら別だが)イギリスの図書館やイギリス在住の人間に頼んで購入したりコピーしたりすることは、実はいくらでもできる。英語が読めないだって?　だったら「読める」ように学べばよい。すでに絶滅した文明の古文書を発掘するわけではない。アクセスのチャンネルは実はいくらでも開拓することはできるはずだ。その気になりさえすれば。

ところが本書の著者ジェームス・プロクターが「なぜホールなのか?」の中で指摘しているように、ホールの活動のスタイルがホールについて学ぼうとする人間たちにアクセスの困難さをもたらしている。それはなにも日本や非英語圏の事情に限ったことではない。イギリスでも同じなのである。どこにいる誰にとっても、ホールのツイスト&ターンは巧妙であるだけフォローしにくいのである。プロクターは本書をホールの思考を「寄せ集め」る試みだという。なぜならばホールの思考も、それを読み咀嚼する読者の思考も、常に進行中のカルチュラル・スタディーズというプロジェクトの一環だからであり、そこには追従しそこに安住すべきモデルも、間違いのないことを保証された公式も、崇め奉る正典もないから、自分でやってみるしか術はない。半世紀近く前にスチュアート・ホールがポピュラー・カルチャーをニュー・レフトの政治的問題としてとりあげ、革新政治の争点として人種を思考し始めた理由もここにある。同じように私たちは、その困難にもかかわらず、自分でホールを探ってみるしかないのである。

カルチュラル・スタディーズの倫理的構えにはどこかDIY的な匂いがある。そしてそれによって「アイデンティティ政治」的な雰囲気に化かされてしまうこともある。「Do It Yourself」といったって作業の材料も道具も日本ならJマートやコーナン、イギリスならHOMEBASEなどの量販店であらかじめ売っているものを購入することが多いし、それらをマニュアルにのっとって使いこなしつつ、あらかじめ用意されているカタログの猿真似をするだけなんじゃないのか、と。だからDIYは後期資本制社会の「アイデンティティ政治」の具現化だという非難もあながち的外れではない。自分の力で個性的に自分らしくやってみよう（さあ道具も材料もそろっている）。あなただけの部屋を作って（やり方は簡単、この説明書どおり）、あなたをあなたらしく演出する（困っているならこんなカタログを参考にしてみては?）。

「アイデンティティ政治」とは、市場というお釈迦さんの手のひらの上ではしゃぐ何匹もの孫悟空が繰り広げる祝祭である。ただし今度のお釈迦さんはそれほど慈悲深くないので、手を揺すり、時々指を開いては何匹か雲の下に落としてしまうのだ。無慈悲さと無邪気さは共存する。落ちずにすんだものは落ちてしまったものがいたことさえ気づかない。あたりには雲が立ち込めていて、あたかも自分だけがそこにいるかのように、自分だけが独自の存在であるかのように感じられてくる。個性的であることを強要されているのにその事態を自らの選択の結果手に入れた自己実現として受け入れ、それができない隣人はいないも同然。

なるほど、カルチュラル・スタディーズはやばいじゃないか。マイノリティとアイデンティティの守護神としての「カルスタ」は、いつの間にか市場メカニズムの力に乗ってマイノリティとアイデンティティを消費し、返す刀で競合原理を円滑に推進するためのエンジンオイルと化している。その結果生産されるのは、新たな階級格差、取り返しのつかない社会的ひずみ、そして政治の死滅。文化は経済にハイジャックされ、政治の立つ瀬はなくなる。見事な予定調和だ。文化を通じた政治の可能性という常套句は、文化を通じることが可能なようにプログラムされた政治だけが可能性として示されていたという仕組みを受け入れるための呪文として機能していたに過ぎなかったのだ。

本当だろうか？　本当だとしたら、それを自分で読み取るしかないだろう。あえてＤＩＹに手を染めて。ブリコラージュやディアスポラの美学。ホールが駆使してきたさまざまな概念装置は、こんなありきたりの結末を迎えるための装飾概念にすぎないというのだろうか？　もしそうだという結論に達したのなら、それはそれでいい。でも自分で読んでみないことには、結論に達しようがないではないか！　読み飛ばしはないか、勘違いはないか、そして、これまで誰かにインプットされてきた特定の読み方だけにしたがってホールを読んではいないか？　そうではなく、テクストに帰るのだ。ホール自身の思考をたどり、自分自身の思考を停止しないために。

カルヴィニスト的な響きは認めよう。しかし、どうせ化かされるのなら偶像や模倣者にではなく、「文化の問題ははなはだしいほど政治的問題だ」というホールに化かされてみてはいかがだろうか。彼は文化が即そのまま政治であると示唆しているわけではない。考えてみてほしい。文化と政治がそのまま移項可能なモデルで捉えられるなどと説くスチュアート・ホールがありえようか？　いわんやカルチュラル・スタディーズをや。文化は政治に必然的に照応するわけではないからである。プロクターの記述はこの点で明快だ。

文化とは権力の諸関係が構築されつつ潜在的には揺るがされるような社会行動と介入の現場である（本

書13頁)。

文化は権力とは相互に補完的で相互に生成的な問題であるからこそ政治的になりうるのであって、文化の自然状態を政治と呼ぶのではない。むしろ不自然な居心地の悪さを、座りの悪さを文化の中で生成していくことを政治と呼ぶのである。この意味では、文化は政治的になりうるのであって、文化を政治的に「なさしめる」ことが政治だということもできるだろう。そのようなものとして政治を生かさしめよ。このような問題系こそが、ホールがグラムシやアルチュセールをリミックスして作り上げた「サッチャリズム」批判の現場を構成していた要素だったはずだ(第五章を参照のこと)。

すでに何人もの書き手が指摘しているホールの最も「政治的」な遺産。それは、「サッチャリズム」とニュー・レフトの「敗北」は、「イギリス資本制の全般的危機」に対応する構成的なポジションのとり方の違いによって生じた闘争を通じた、理由ある状況だったということを、手を変え品を変え表現し続けてきたことだ。左翼はサッチャリズムから何を学ぶべきかを見極め、学ぶことを始めよと言い続けてきたことなのだ。ニュー・レイバーへのホールによる執拗な攻撃は、頭を挿げ替えた「サッチャリズム」への長く続く困難な戦いであるというだけではなく、未だ学びきれていない左翼への警句でもある。

ホールが「サッチャリズム」との三十年にわたる折衝を続けている間に、アイデンティティがネオリベラリズムのキャッチャコピーとなり、マイノリティがグローバルな「帝国」の中でリサイクル可能な資源となっている状況が現れた。これはまったく新しい、想定外の現象なのだろうか? 聞くだけ野暮だ。マイノリティであるというアイデンティティが一切保証にならないことなど、すでにサッチャー政権下で明々白々だったではないか。サッチャー在任期間の規制緩和の原則の下では、人種の階層的境界を起業家的倫理で換骨奪胎していく非白人が増える一方で、当の首相本人は「そしてあなた方はどこへ帰るんですか」と、失業にあえぐ移民たちに問いかけていた。その後労働党に政権が移り、多文化多人種化が進んだイギリスでは、「白人に権利を！」のスローガンの下で白人至上主義者がマイノリティとしてのアイデンティティを主張し始めた一方で、スティーヴン・ローレンスが惨殺された〔本書215頁参照〕。サッチャリズムからニュー・レイバーにいたる時代の変容の中でホールがどのように思考しているかを、本書を参考にしながら考察するのはそれほど難しくないだろう。

こうした作業が、二〇〇六年現在の日本社会をクリティカルに洞察する補助線を引いてくれることは、「アイデンティティ政治」とＤＩＹの件に立ち返っていただければすぐにわかることだろう。あなたが読んだスチュアート・ホールは、どんな考えるヒントをくれるでしょうか？

本書は James Procter, *Stuart Hall* (Routledge, 2004) の全訳である。著者ジェームス・プロクターは現在、スコットランド中部にあるスターリング大学の英文学部講師。戦後イギリスのカリブ系黒人文学の研究で博士号を取得。『黒い大西洋』の著者でディアスポラ文化論を展開しているポール・ギルロイが博士論文の外部審査を担当した。単著『住まう土地――戦後黒人イギリス文学』（マンチェスター大学出版、二〇〇三）の他に、戦後イギリスの黒人文学、批評、思想の論集『イギリスの黒人知識人一九四八―一九九八――学際的アンソロジー』（マンチェスター大学出版、二〇〇〇）を編纂している、旧大英帝国圏を中心としたディアスポラ文学の研究者である。

単著を記さず著作集の編纂にも興味を見せない人物の思考の軌跡をまとめた一冊を翻訳し出版する作業について、訳者は当初懐疑的であった。「自分は一貫したものなど何も持たない」と明言する人間の仕事を、緩やかではあれ一定の体系性と秩序をもって整理し、それも学部初学者向けに披露する。加えて、カルチュラル・スタディーズの入門書や解説書の類、それもごく少数の例外を除き具体性を欠いた心構えを説くだけの本ばかりで、「自分でやってみた」作品はほんの一握りという状況では、ホールのスタイルを勝手に変身させることになってしまうのではないかと危惧したからである。

ところがこうして出版されている。ひとつにはプロクターのホール評価には納得させられる点が多々あり、「紹介」する価値ありと思ったから。もうひとつには、なによりも青土社の津田新吾氏の熱意と粘り強いマンマークのおかげである。「青土社の津田です……」。研究室の留守番電話にこの声が録音されているのを聞くたびに、なんともいえず、テクストを開き、キーボードを叩かざるをえない体になってしまった。津田さんの持つ訳語感覚の素晴らしさは校正の緻密さというスキルと相俟って、本書の随所に抹消しがたい痕跡を残している。記して深い感謝の念を表する。どうもありがとうございました。

もちろん誤訳・誤植はすべて訳者の責任であることは言うまでもないが、たとえ誤りが見つかったとしても、この翻訳を出したことによって、一人でも多くの読者の方がホールに関心を持たれることを心より願う。

二〇〇六年一月

小笠原博毅

著者について
ジェームス・プロクター（James Procter）
スターリング大学英文学部講師。著書に『住まう土地——戦後黒人イギリス文学』（*Dwelling Places: Post-war Black British Writing*）など。
他に戦後イギリスのカリブ系黒人文学を中心に，ジョージ・ラミング，ディアスポラ，ポストコロニアルなどを論じた論文が多数ある。

訳者について
小笠原博毅（おがさわら・ひろき）
1968年東京生まれ。ロンドン大学ゴールドスミス校社会学部博士課程修了。
現在，神戸大学国際文化学部助教授，専攻は社会学，カルチュラル・スタディーズ。
主な著著に『サッカーの詩学と政治学』（共編著，人文書院），
『オリンピック・スタディーズ』（共著，せりか書房），
主な論文に「文化と文化を研究することの政治学」（『思想』873号）などがある。
また，ホール「ポストコロニアルとはいつだったのか」（『思想』933号）などの翻訳も多数。

シリーズ　現代思想ガイドブック
スチュアート・ホール

2006年2月28日　第1刷発行
2013年6月10日　第2刷発行

著者——ジェームス・プロクター
訳者——小笠原博毅

発行者——清水一人
発行所——青土社
東京都千代田区神田神保町1-29 市瀬ビル　郵便番号101-0051
電話03-3291-9831(編集)　3294-7829(営業)
www.seidosha.co.jp
本文印刷所——株式会社ディグ
扉・表紙・カバー印刷所——方英社
製本所——小泉製本

装丁——松田行正

ISBN4-7917-6223-1